DESCUBRE

La Cocina Haute de Las Filipinas

ALBERTO MORTIZ

Bloomington, IN  Milton Keynes, UK

authorHOUSE™

AuthorHouse™
1663 Liberty Drive, Suite 200
Bloomington, IN 47403
www.authorhouse.com
Phone: 1-800-839-8640

AuthorHouse™ UK Ltd.
500 Avebury Boulevard
Central Milton Keynes, MK9 2BE
www.authorhouse.co.uk
Phone: 08001974150

First published by AuthorHouse 2/13/2006

ISBN: 1-4259-2037-3 (e)
ISBN: 1-4208-8477-8 (sc)

Printed in the United States of America
Bloomington, Indiana

This book is printed on acid-free paper.

CONTENIDO

PREFACIO

Algunos de los ingredientes usados en este libro son de origen Filipino. Para mantener la autenticidad del estilo y sabor de la cocina Filipina, algunos de ellos fueron substituidos o adicionados. Debido a la poca disponibilidad, algunos de ellos fueron reemplazados por otros de apariencia y sabor similar. Por ejemplo el kare-kare, en lugar de usar la flor de plátano, utilice alcachofa. La alcachofa tiene una mejor apariencia en la presentación del platillo y además tiene un sabor y una textura parecida a la flor de plátano. Lo cual es muy atractivo y apetitoso para el paladar occidental.

Aunque algunas frutas y vegetales tropicales ya están disponibles en Norteamérica y Europa su venta es aun escasa. Las grandes ciudades con altas concentraciones de habitantes asiáticos, caribeños y latinos tienen establecimientos que venden estos productos tales como frutas y verduras. Tienen verduras y frutas exóticas pero con nombres diferentes. Algunos de estos son cultivados en el sur de California, la Florida, Centroamérica y el sur de Asia. Se preparo una selección de recetas vegetarianas que son altamente recomendadas para el cuidado de la salud y los vegetarianos. Los ingredientes usados en las recetas generalmente están disponibles en tiendas, y supermercados.

En la actualidad estamos conscientes de lo importante que es mantenerse saludable. Por lo que substituyo en la mayoría de las ocasiones el aceite de oliva. El uso de la salsa de pescado es una opción, recomiendo la salsa de soya "Light". La carne magra se sugiere como ingrediente principal en algunas de las entradas. En realidad la cocina Filipina, como "la apretada" requiere de un corte con un poco de grasa para un mejor sabor.

ANTES DE COCINAR

Planee con anticipación, seleccione el menú y escoja las verduras de su agrado. Seleccione verduras que luzcan apetitosas en el plato. La nutrición debe ser balanceada. Por ejemplo, sirva un vegetal verde y uno rojo o amarillo, tales como la calabacita, la zanahoria cambray, el brócoli y los ejotes. También trate de variar la forma de los vegetales para hacer el platillo más atractivo. Por ejemplo las tiras de calabaza italiana hacen un contraste muy agradable con las rebanadas de zanahoria con las rebanadas de zanahoria, o mezcle brócoli con calabacitas en cuadros y calabacitas amarillas con apio. Siempre utilice vegetales de colores obscuros, entre más obscuros sean estos mas alto será su valor nutritivo. Cuando planee utilizar coliflor elija la más verde en lugar de la variedad blanca. Esto incluye la papa cambray y la lechuga romana en lugar de la orejona.

HISTORIA

Un explorador portuguesa llamado, Fernando Magallanes, desembarco en las Filipinas el 17 de Marzo de 1521. La expedición fue auspiciada por la Corona de España. El control total de las Filipinas tuvo lugar 20 años después de su descubrimiento.

Las Filipinas fueron llamadas las Islas de San Lázaro, y en 1565 fueron bautizadas Filipinas en honor al Rey Felipe II de España. En 1565, el galeón "San Pablo" hizo un viaje histórico cruzando el Océano Pacifico. El primer galeón manilense comercial en cruzar de Este a Oeste. El San Pablo fue enviado por Miguel López de Legaspi, guiado por Fray Andrés de Úrdaneta. Impulsado por el viento y desviado por la rotación de la tierra, y las corrientes alrededor del Océano Pacifico dando la vuelta al Ecuador y cambiando de dirección mas adelante. Un solo galeón navego en dirección al Este en abril y regreso al Oeste en octubre. Esta ruta descubierta por Legaspi fue utilizada por el galeón comercial "Manila" a México durante 250 años. Este descubrimiento llevo a Asia a abrir sus puertas al resto del mundo. La ruta entre Acapulco y Manila es la ruta conectada a España vía Veracruz. La abundante provisión de material existente en las Filipinas guió a la expansión de la superioridad de España como una potencia mundial. Se construyeron cien barcos en las Filipinas. Los Españoles además descubrieron que la madera Filipina era la mejor para la fabricación de bancos.

Al paso de los siglos ocho galeones fueron capturados por los piratas. Algunos fueron devastados y otros fueron hundidos por los tifones. En algunos de los viajes había 14 tripulaciones filipinas. Otros Filipinos que viajaban eran comerciantes, técnicos o meros aventureros. Tan pronto como llegaron a Acapulco abandonaron las embarcaciones y se establecieron en México. Un grupo grande de ellos se estableció en Baja California. El Puerto de San Blas, que es el segundo Puerto de Acapulco hizo posible el acceso a la migración temprana. Algunas tripulaciones que llegaron a Veracruz, nunca retornaron a sus embarcaciones. Un gran grupo de ellos viajaron a Nueva Orleáns en 1765. Tienen una aldea en un asentamiento conocido como San Malo.

Los Filipinos introdujeron el coco a México vía galeones comerciales, el Mango Manila, la tuba fresca así como la preparación llamada ceviche (kinilaw). México introdujo la cocoa, el camote, el maíz y los tamales.

El comercio a través del galeón Manila duró 250 años y finalizó en 1815. México declaró su independencia de España en 1810. Sin embargo, el comercio del galeón continuó cruzando el Océano Pacifico mucho después de que España rompiera relaciones con México. Las Filipinas y Cuba compartieron también el gobierno Español ya que Valeriano Weyler había sido el Gobernador General de las Filipinas y después fue reemplazado como gobernador general en Cuba por Ramón Blanco. Camilo de Polavieja sirvió tanto a Manila como a Cuba

BOTANAS Y ENTREMESES

CAMARONES EMPANIZADOS (Fried Shrimp in Batter)

TIEMPO DE PREPARACION: *30 minutos*
TIEMPO DE COCCION: *30 minutos*

INGREDIENTES: (para 4)
15 Camarones gigantes
2 tazas de aceite vegetal
1 barra de mantequilla
1 huevo batido
½ taza de agua
½ taza de maicena
½ cucharadita de sal
2 cucharaditas de harina
½ cucharadita de polvo para hornear

PARA MARINAR:
½ cucharadita de jugo de limón
1 cucharadita de salsa de soya
una pizca de pimienta negra

Enjuague los camarones bajo el chorro de agua fría. Desprenda el caparazón, la cabeza y las patas sujetando por la cola con dos dedos y jalando suavemente. Deje la cola intacta para sostenerlos. Con un cuchillo filoso efectué una incisión a lo largo de la cola, en el dorso y extraiga la vena intestinal, haciendo un efecto mariposa al cocinarlo.

En un tazón vacié el jugo de limón, la salsa de soya, el azúcar y la pizca de pimienta negra. Mezcle perfectamente estos ingredientes y marine los camarones durante 20 minutos.

En otro tazón vacié ½ taza de agua fría, ½ taza de maicena, la harina, el polvo para hornear, la sal y la pimienta negra. Añada el huevo batido y mezcle hasta formar una pasta suave. Sumerja los camarones previamente marinados, asegurándose que queden bien cubiertos por la mezcla.

Ponga la sartén a fuego lento y fríalos utilizando aceite vegetal. Sírvalos en una bandeja con un tazón de catsup al centro y decore con perejil chino.

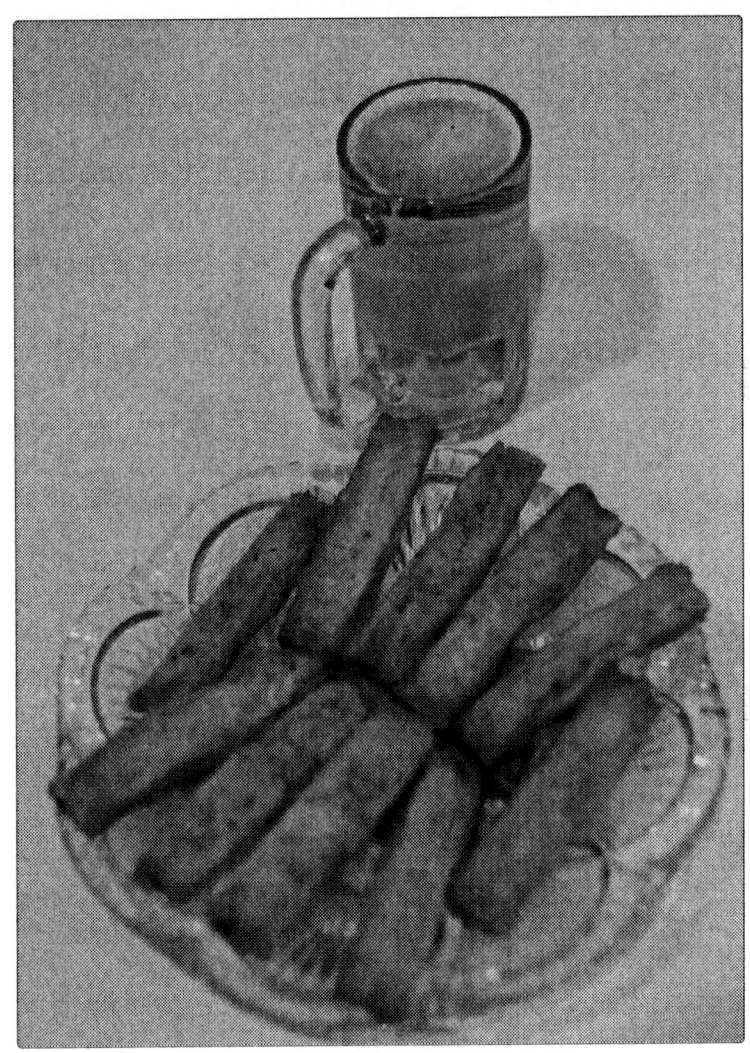

Crepas de Carne

Verduras ralladas a la Pasta

CREPAS DE CARNE (Meat Egg Roll)

TIEMPO DE PREPARACION: *1 hora*
TIEMPO DE COCCION: *45 minutos*

INGREDIENTES: (para 25 piezas)
500 grs. de carne maciza de cerdo
1 taza de nueces de castilla finamente picada
1 taza de cebolla finamente picada
¾ de taza de camarón de pacotilla
2 huevos grandes, batidos
2 cucharas soperas de salsa de soya
   sal y pimienta al gusto
   aceite vegetal
25 crepas

En tazón mezcle perfectamente la carne de cerdo, la cebolla picada, las castañas y los camarones. Añada salsa de soya, la pimienta negra y los huevos batidos. Añada sal al gusto. Extienda una crepa sobre una tabla para picar o un plato extendido. Tome una cucharada de la mezcla de la carne y colóquela diagonalmente al centro de la crepa formando una línea delgada. Extienda la mezcla y enrolle. Doblando la orilla derecha primero, luego la izquierda y finalmente la orilla superior. Continué este proceso hasta que la mezcla quede totalmente envuelta.

En una sartén a fuego lento, vierta aceite vegetal hasta llenar tres cuartas partes de la sartén, fría los rollos hasta que considere que la carne este bien cocida y los rollos se doren ligeramente por ambos lados. Escurra sobre papel absorbente y sírvalos.

SALSA AGRIDULCE:

½ taza de catsup
2 cucharas soperas de azúcar morena, diluidas en dos cucharas soperas de agua
2 cucharas soperas de vinagre blanco
1 cucharadita de pimienta negra

En una cacerola pequeña a fuego lento, mezcle la catsup y el azúcar, mueva hasta que el azúcar se disuelva totalmente. Déjelo hervir. Añada el vinagre. No mueva hasta que hierva. Agregue sal, pimienta o vinagre al gusto. Retire del fuego y sírvalo en un tazón.

EMPANADAS DE POLLO (Chicken Turnover)

TIEMPO DE PREPARACION: 1 ½ horas
TIEMPO DE COCCION: 45 minutos

INGREDIENTES: (para 25 porciones)
½ pechuga de pollo cocida, sin piel y cortada en cuadros
1 papa mediana, picada en cuadros
1 cebolla pequeña, picada
3 cucharas soperas de salsa de soya
2 cucharas soperas de maicena, diluidas en ½ taza de agua
½ taza de pasas
3 cucharas soperas de aceite de oliva, sal y pimienta al gusto

PASTA:
2 ½ tazas de harina
3 yemas de huevo batidas
1 taza de manteca vegetal
2 cucharas soperas de azúcar
1 cuchara sopera de salsa de soya
   aceite vegetal para freír

En una sartén a fuego lento con aceite de oliva se sofríe la cebolla y se mueve por unos minutos. Agregue las papas picadas, una pizca de sal y pimienta, mueva por unos minutos, tape y cocine por 3 minutos. Añada sal y pimienta si es necesario. En un tazón pequeño diluya la maicena con ½ taza de agua. Viértalo a la mezcla que esta cocinando y mueva. Déjelo hervir y retírelo del fuego. Mientras se enfría, en un refractario mezcle la harina, las yemas de huevo, la manteca vegetal, la salsa de soya, el azúcar y el agua. Con una pala de madera mezcle los ingredientes perfectamente hasta formar una pasta suave y sin grumos. Amase la pasta y forme una bola. En una superficie enharinada amase la pasta hasta obtener una consistencia homogénea. Agregue agua si esta demasiado áspera o mantequilla si esta demasiado blanda. Separe la paste y córtela en 5 pedazos iguales. Elabore rollos de 25 cms de largo y luego córtelos en 5 partes iguales para formar discos de 5 cms de diámetro con ayuda de cortador de pastas o un platito. Aplane cada disco. Agregue una cucharada de relleno en la mitad de cada disco, doble los discos para formar las empanaditas y presione los bordes con un tenedor para sellar.

Caliente aceite en una sartén honda, fría las empanaditas durante 5 a 10 minutos volteándolas una sola vez. Cuando estén bien doradas y crujientes retírelas del fuego y escúrrales el aceite sobre papel absorbente.

VERDURAS RALLADAS A LA PASTA
(Mixed Shredded Vegetables in Batter))

TIEMPO DE PREPARACIÓN: *45 minutos*
TIEMPO DE COCCION: *30 minutos*

INGREDIENTES: (para 6 porciones)
2 tazas de calabacitas (corte juliana)
2 tazas de germen de fríjol
250 gramos de ejotes rallados
1 taza de cebolla picada en trozos
1 taza de papa, rallada grueso
1 taza de camarón de pacotilla
aceite vegetal para freír

PASTA:
1 ½ taza de maicena
2 huevos batidos
½ taza de agua
2 cucharas soperas de jugo de achiote
1 cucharadita de salsa de soya Light
1 cuchara sopera de aceite para ensalada

SALSA:
½ taza de vinagre blanco
2 cucharas soperas de catsup
1 diente de ajo, picado
1 cuchara sopera de aceite de oliva
1 cuchara sopera de salsa de soya Light
sal y pimienta al gusto

Mezcle la maicena con el agua y licue. Añada el jugo de achiote, la salsa de soya Light, el huevo batido, aceite de oliva, una pizca de sal y pimienta al gusto. Mezcle hasta obtener una pasta lisa y deje reposar.

Llene ¾ partes de una sartén con teflón con aceite vegetal y caliente a fuego medio. Lene una taza con la mezcla de toda la verdura picada y rallada. Agrégueles 5 cucharas soperas de pasta. Mézclelos perfectamente. Esparza la mezcla de manera uniforme sobre la sartén con el aceite caliente. Agregue inmediatamente 3 o 4 camarones mojados en la pasta sobre las verduras. Las verduras deben estar cubiertas completamente por el aceite para que se tuesten. Fría hasta que las verduras se doren o estén crujientes. Retírelos de la sartén, escúrralos sobre papel absorbente. Y sírvalos inmediatamente.

PASTEL DE YUCA (Yucca Cake)

TIEMPO DE PREPARACIÓN: *1 hora*
TIEMPO DE COCCION: *1 hora*

INGREDIENTES: (para 10)
2 ½ Kg de raíz de yuca (10 tazas)
1 lata de 14 onzas de leche de coco
1 taza de coco rallado fresco
2 ½ tazas de azúcar morena
1/3 de taza de aceite vegetal
1 cucharadita de sal

ADEREZO:
1 jarra de 8 onzas de almíbar de coco
1 taza de leche
2 cucharas soperas de maicena, diluidas en leche
2 cucharas soperas de azúcar

Con un cuchillo o un pelador, pele la raíz de yuca. Obtendrá un color muy blanco y una textura suave. Corte la yuca en trozos. En una licuadora muela la yuca a velocidad media hasta que la consistencia forme una masa.

En un tazón grande, mezcle el coco rallado, el azúcar, la sal, la leche de coco, el aceite vegetal y la yuca. Mezcle perfectamente.

En una cacerola a fuego medio hierva la leche y el azúcar. Mueva de vez en cuando y cueza a fuego lento durante 5 minutos. Añada el almíbar de coco y mueva hasta que se mezcle con la leche y el azúcar. Añada 2 cucharas soperas de maicena diluida con 2 cucharas soperas de leche. Mezcle perfectamente hasta que espese. Retire del fuego.

Unte la superficie de un refractario para hornear de 8X12 pulgadas con aceite vegetal. Vacié la mezcla y empáquela firmemente. Vacié el almíbar de coco sobre la mezcla. Hornee a una temperatura de 176° C durante 1 hora o hasta que alcance un color dorado oscuro. Deje enfriar antes de servir.

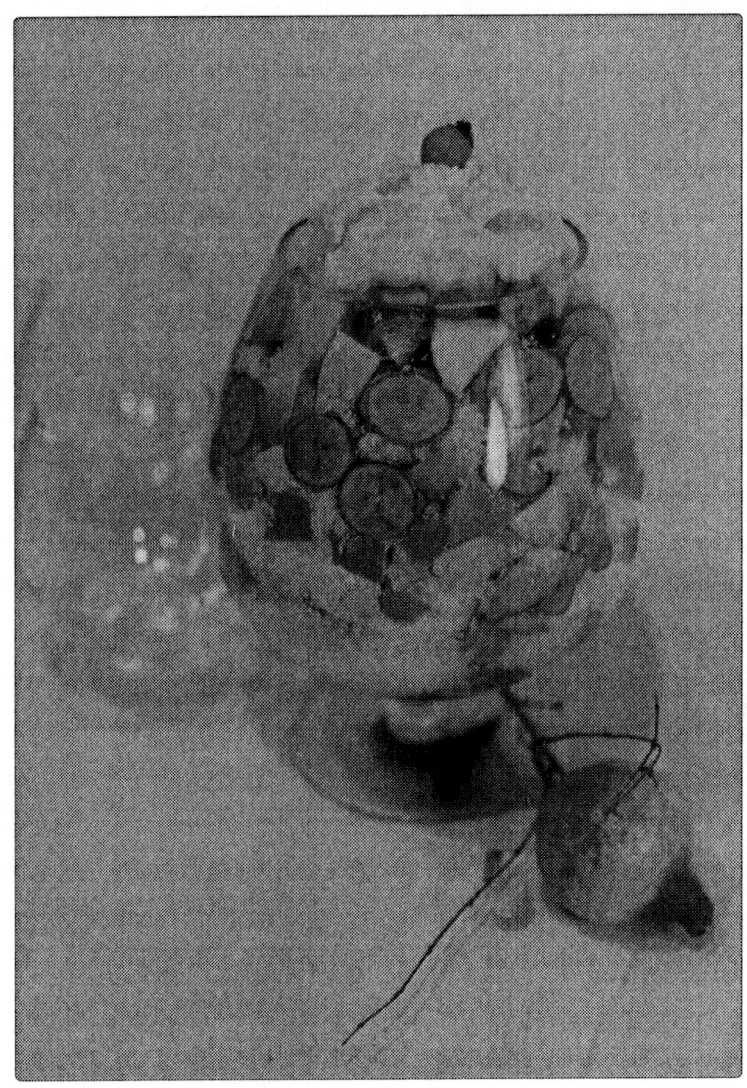

Frutas Tropicales a la Crema

Pretzels Al Caramelo

PASTEL DE ARROZ (Rice Cake with Brown Sugar)

TIEMPO DE PREPARACIÓN: *1 hora*
TIEMPO DE COCCION: *2 horas*

INGREDIENTES: (para 8)
2 tazas de arroz dulce
2 tazas de arroz normal
½ taza de azúcar morena
1 cucharadita de sal
2 cucharas soperas de aceite vegetal
1 lata de 14 onzas de leche de coco
5 tazas de agua

ADEREZOS:
250 gms de azúcar morena
1 lata de 14 onzas de leche de coco

En una sartén grande a fuego lento con aceite vegetal. Tueste el arroz. Con una pala de madera, mueva el arroz lento pero uniformemente hasta que se dore. Retírelo del fuego y déjelo reposar.

En una cacerola mediana a fuego medio, ponga a hervir la leche de coco y el azúcar moviendo lentamente. Deje cocer durante 10 minutos. Añada azúcar y continué moviendo durante 5 minutos. Añada el arroz dulce, mueva unos segundos, tape y déjelo hervir. Cuando comience a hervir, baje el fuego al mínimo y mantenga tapado durante otros 20 minutos. Retírelo del fuego.

En una cacerola pequeña a fuego medio, cueza la leche de coco durante 10 minutos, moviendo lenta pero constantemente con una pala de madera. Añada el azúcar morena. Deje hervir moviendo hasta que espese.

Llene un refractario de 8X12 pulgadas con el arroz dulce cocido. Aplane la superficie con una cuchara bañada en mantequilla. Vacié la leche de coco y jarabe de azúcar sobre la superficie y espárzalo cuidadosamente. Precaliente el horno a 135° C y hornee de 30 a 45 minutos. Retire del horno y deje enfriar 30 minutos antes de servir.

ADEREZO SUGERIDO:
Añada coco rallado con el jarabe de azúcar sobre la superficie del pastel de arroz antes de hornear y luego hornee a 148° C durante un periodo de entre 30 y 45 minutos.

ARROZ CON LECHE (Glutinous Rice, Coconut Milk & Brown Sugar)

TIEMPO DE PREPARACIÓN: *45 minutos*
TIEMPO DE COCCION: *I hora*

INGREDIENTES: (para 8)
4 tazas de arroz dulce
2 latas de 16 onzas de leche de coco
2 tazas de agua
2 ½ tazas de azúcar morena
½ cuchara sopera de anís
I cuchara sopera de mantequilla

En una cacerola grande a fuego medio, mezcle la leche de coco y el agua, y mueva lento hasta que hierva. Siga moviendo mientras se cuece por 10 minutos. Añada el azúcar y siga moviendo durante otros 15 minutos. Añada el arroz y el anís y mueva hasta que hierva. Baje el fuego y siga moviendo hasta que él liquido se evapore. Tape la cacerola y mueva de vez en cuando hasta que seque completamente. Apague el fuego y tape dejando reposar otros 30 minutos. Sírvalo en una bandeja y aplane la superficie con mantequilla.

CHAMPURRADO (Sweet Rice with Cocoa Powder)

TIEMPO DE PREPARACION: *10 minutos*
TIEMPO DE COCCION: *40 minutos*

INGREDIENTES: (para 4)
I taza de arroz dulce
I taza de arroz normal
I litro de agua
¾ de taza de polvo de cocoa
2 tazas de leche

En una cacerola grande con agua a fuego medio, diluya la cocoa. Mueva firme pero lentamente hasta que hierva, siga moviendo mientras se cuece durante 10 minutos. Añada el arroz, mueva unos pocos minutos mas y tape hasta que hierva. Deje cocer hasta que el arroz este cocido y añada azúcar, leche o más agua al gusto. Baje el fuego y deje cocer hasta que la mezcla espese y obtenga una consistencia espumosa. Sirva en tazones individuales y añada una cuchara de crema para un mejor sabor.

BOLAS DULCES DE ARROZ (Glutinous Rice and Tropical Sweets)

TIEMPO DE PREPARACION: *1 ½ horas*
TIEMPO DE COCCION: *45 minutos*

INGREDIENTES: (para 6)
1 taza de harina de arroz
1 litro de agua
2 latas de 14 onzas de leche de coco
2 tazas de azúcar
250 gramos de raíz de yuca, en cubos
2 plátanos machos maduros, rebanados a menos de un cm de espesor
2 camotes medianos, en cubos
½ cucharita de anís

Mezcle la harina de arroz con el agua y amase hasta formar una pasta suave. Añada un poco de agua sí esta muy esta seca. Forme un tubo con la masa y córtelo en piezas pequeñas – tan pequeñas como para hacer bolas del tamaño de una aceituna. Haga varias y déjelas reposar.

Pele la yuca, córtela en cubos de ½ pulgada de espesor.

Pele los plátanos y córtelos en rebanadas de ½ pulgada de espesor.

Pele el camote, córtelo en rebanadas de ½ pulgada de espesor y luego córtelas en cubos.

En una cacerola grande a fuego medio, mezcle el agua y la leche de coco. Déjelas hervir moviendo constantemente durante 15 minutos. Agregue azúcar y mueva dejando al fuego durante 5 minutos más. Añada la yuca y el camote, mueva un poco y tape. Mientras hierve, destape y mueva lentamente. Agregue los cubos de plátano. Mantenga tapado hasta que la yuca, el camote y los plátanos estén cocidos. Añada el anís y mueva. Añada las albóndigas de arroz al final. Las albóndigas flotarán cuando se cuezan. Añada azúcar o agua al gusto. Retire del fuego y sirva tibio.

Nota:
Mejore el sabor al servir añadiendo leche de coco fresca. Añada 2 cucharas de leche de coco fresca en cada porción.

DULCE DE YUCA (Mashed Yucca with Coconut Flakes)

TIEMPO DE PREPARACION: *1 hora*
TIEMPO DE COCCION: *30 minutos*

INGREDIENTES: (para 4)
2 Kg de raíz de yuca
2 tazas de coco rallado fresco
1 taza de azúcar
½ taza de leche
3 cucharas soperas de margarina

Con un pelador o un cuchillo pele la yuca y córtela en varios pedazos grandes.

Llene con agua ¾ partes de una cacerola grande y ponga a fuego alto, tape la cacerola y hierva la yuca durante 25 minutos o hasta que se ablande.

En un tazón grande, aplaste la yuca cocida con un aplastador de papas mientras la yuca este tibia. Añada el coco rallado y el azúcar, y aplaste nuevamente hasta que se mezclen bien los ingredientes. Añada leche, mezcle otra vez y añada margarina. Mezcle completamente tanto como pueda. Sírvalo en una bandeja y dele la forma de un montículo con margarina.

PASTEL DE YUCA (Yucca Pancake)

TIEMPO DE PREPARACIÓN: 45 minutos
TIEMPO DE COCCION: 30 minutos

INGREDIENTES: (para 6)
½ Kg de yuca, rallada
1 taza de coco rallado fresco
½ taza de azúcar morena
    aceite vegetal para freír

En una sartén a fuego medio con una cuchara de aceite vegetal, fría la yuca rallada en porciones de 3 cucharas soperas cada una. Con una espátula aplaste la yuca en la sartén hasta formar círculos de 5 pulgadas de diámetro. Cocine los pastelitos durante 2 minutos en cada lado hasta que se doren. Añada aceite para freír cada pastelito. Sírvalos tibios.

ARROZ CON LECHE Y ELOTE (Sweet Rice and Corn with Coconut Milk)

TIEMPO DE PREPARACION: *30 minutos*
TIEMPO DE COCCION: *1 hora*

INGREDIENTES: (para 4)
2 tazas de arroz dulce
3 elotes tiernos
1 latas de 14 onzas de leche de coco
1 ½ tazas de azúcar
1 litro de agua

Corte los granos de elote con un cuchillo. En una cacerola grande a fuego medio, mezcle la leche de coco con el agua. Mueva constante y lentamente hasta que hiervan. Añada azúcar y mueva hasta que hierva. Añada el arroz, mueva y tape moviendo ocasionalmente hasta que el arroz este casi cocido. Añada los granos de elote y deje cocer durante 15 minutos. Añada azúcar o agua si es necesario. Cosa a fuego lento durante otros 10 minutos o más hasta que espese y este cremoso. Retírelo del fuego y déjelo enfriar unos minutos antes de servir.

ARROZ CON LECHE Y CHICHAROS (Mung Beans & Sweet Rice with Coconut Milk)

TIEMPO DE PREPARACION: *30 minutos*
TIEMPO DE COCCION: *1 hora*

INGREDIENTES: (para 6)
3 tazas de arroz dulce
½ taza de chícharos, asados y abiertos
1 ½ litros de agua
2 latas de 14 onzas de leche de coco
1 ½ tazas de azúcar morena

En una sartén a fuego bajo, se asan los chícharos moviendo ocasionalmente hasta que se doren. Retírelos del fuego y espárzalos sobre una tabla de madera forrada con papel absorbente. Con un rodillo presione los chícharos asados de forma circular hasta que todos se abran por mitad. En una cacerola grande a fuego medio, mezcle el agua y la leche de coco. Mueva hasta que hierva. Añada los chícharos y deje cocer 15 minutos. Añada el arroz dulce y el azúcar. Mueva y tape, mueva ocasionalmente durante 30 minutos. Añada azúcar o agua si es necesario. Deje cocer la mezcla durante otros 10 minutos o hasta que el arroz este cocido. Retire del fuego. Añada leche de coco fresca o leche normal al servir para enriquecer el sabor.

PASTEL DE ARROZ AL VAPOR (Steamed Annatto Rice Cakes)

TIEMPO DE PREPARACIÓN: *2 horas*
TIEMPO DE COCCION: *1 hora*

INGREDIENTES: (para 20 o 24 mini pasteles)
½ taza de harina de arroz
½ taza de azúcar morena
½ taza de harina
1 taza de agua
2 cucharas soperas de maicena
2 tazas de achiote, diluidas en 1/3 de taza de agua

En un tazón mezcle la harina de arroz, la maicena, la harina, el azúcar y el agua hasta formar una pasta suave. Añada el jugo de achiote y mueva. Llene un molde de 12 piezas para mini pasteles con la mezcla hasta el tope. Póngalo en una cacerola tapada lo suficientemente grande para acomodar el molde llena a 1/3 de su capacidad con agua. A fuego alto, cocine a vapor durante 12 minutos. Llene otro molde mientras espera a que se enfríe el anterior. Cuando enfrié, use un cuchillo de mesa o una espátula pequeña para sacar los pastelillos del molde. Espolvoree coco rallado fresco para complementar el sabor de este postre.

FRUTAS TROPICALES A LA CREMA (Mixed Tropical Sweets with Cream)

TIEMPO DE PREPARACIÓN: *30 minutos*
TIEMPO DE COCCION: *20 minutos*

INGREDIENTES: (para 2)
½ taza de plátano en almíbar
1 mango maduro picado en cuadros
1/2 taza de camote en almíbar
1 taza de leche evaporada
4 cucharas soperas de coco rallado
2 cerezas
4 tazas de hielo frape o picado
azúcar al gusto
4 cucharas de helado de vainilla
3 cucharas soperas de piña molida

Pele el plátano y el camote, y rebánelos en cubos. Por separado cuézalos en una sartén pequeña con 2 cucharas sopera de azúcar y 2 de agua hasta que se ablanden. Retírelos del fuego.

En un tazón de cristal de 1 litro de capacidad, vacíe una taza de hielo frape. Añada una capa de cubos de mango. Añada hielo frape, camote y plátano. Añada hielo frape y coco rallado. Añada otra capa de frutas y hielo frape. Vacíe la leche, y con una cuchara grande mezcle todos los ingredientes perfectamente. Sírvalo en tazones individuales, añada azúcar al gusto. Ponga helado de vainilla con una cereza y sírvalos.

PLATANOS FRITOS (Banana Fritters)

TIEMPO DE PREPARACIÓN: *30 minutos*
TIEMPO DE COCCION: *30 minutos*

INGREDIENTES: (para 4)
6 plátanos machos maduros
¼ taza de leche
¾ de taza de maicena
½ cucharita de polvo para hornear
3 cucharas soperas de harina
aceite vegetal para freír

Pele los plátanos, córtelos en mitades y rebánelas a lo largo en 3 partes.

En un tazón mezcle perfectamente la maicena, la harina, la leche, el azúcar, el polvo para hornear y el huevo. Añada un poco de agua si la pasta esta demasiado espesa. Moje las rebanadas de plátano en la pasta.

En una sartén mediana a fuego medio caliente el aceite vegetal, fría las rebanadas de plátano. Cuidadosamente coloque 3 rebanadas al mismo tiempo en el aceite caliente, volteándolas con una espátula hasta que se doren por ambos lados. Retírelas de la sartén y escúrralas sobre papel absorbente. Rocíelas con azúcar glas y sírvalas.

PUDÍN DE ELOTE (White Corn Pudding)

TIEMPO DE PREPARACIÓN: *1 hora*
TIEMPO DE COCCION: *45 minutos*

INGREDIENTES: (para 6)
4 elotes tiernos (3 tazas puré)
½ taza de maicena, diluida en ½ taza de agua
1 lata de 14 onzas de leche de coco
¾ de taza de azúcar morena

En una cacerola mediana a fuego medio, hierva la leche de coco moviendo constantemente durante 15 minutos. Agregue azúcar y siga moviendo durante otros 15 minutos. Con cernidor fino o manta de cielo, cuele el puré de elote en un tazón, y diluya con la maicena. Mezcle perfectamente y agregue la mezcla a la leche que sé esta cocinando. Mueva concienzudamente hasta que hierva. Retírelo del fuego y vacíe la mezcla espesa en una base para pastel. Deje enfriar durante 4 horas antes de servir.

TAMAL DE ARROZ (Sweet Rice Wrapped in Ti Leaves)

TIEMPO DE PREPARACION: *2 horas*
TIEMPO DE COCCION: *45 minutos*

INGREDIENTES: (para 20 a 24 piezas)
4 tazas de arroz dulce
I lata de 14 onzas de leche de coco
4 tazas de agua
I cucharas soperas de sal
12 hojas Ti

SALSA:
I taza de leche de coco
I taza de azúcar
2 cucharas soperas de maicena

En una cacerola grande a fuego medio, mezcle la leche de coco, el agua y la sal. Con una espátula, mueva la mezcla lentamente hasta que hierva. Mientras se cuece durante 15 minutos, añada el arroz. Siga moviendo a fondo para evitar que la mezcla se pegue o se queme. A medida que él liquido se evapora, tape la cacerola y apague el fuego.

Lave las hojas Ti al chorro de agua fría y séquelas. Remueva la membrana central de la hoja sosteniéndola sobre una superficie plana. Con un cuchillo, rebane el tallo para lograr mayor flexibilidad. Encienda la estufa y pase cada una de las hojas sobre la flama por amos lados lentamente. Ahora están listas para envolver. Corte cada una de las hojas por mitad y coloque el lado brilloso boca abajo. Esparza dos cucharas de arroz dulce a medio cocer. Con su mano, moldee el arroz a lo largo de la hoja. Doble la parte baja sobre el arroz y envuelva con la parte superior. Doble los dos lados largos de la hoja y colóquelo boca abajo. Asegure la envoltura amarrando dos tamales juntos con las partes dobladas uno enfrente de otro con un hilo de cáñamo. Continué con el resto hasta terminar.

En una vaporera mediana llena con agua hasta las ¾ partes de su capacidad, coloque todos los tamales en capas.Tape la vaporera y hierva a fuego medio durante 45 minutos. Apague el fuego, saque los tamales de la vaporera y déjelos enfriar.

En una sartén pequeña a fuego medio, mezcle la leche de coco y el azúcar morena, moviendo constantemente durante 30 minutos. Añada la maicena diluida y mueva la mezcla hasta que espese y no tenga grumos. Retírela del fuego y deje enfriar por una hora. Desenvuelva un tamal y póngale una cuchara de la salsa para lograr un bocadillo maravilloso.

TAMAL DE YUCA (Wrapped Cassava with Coconut Flakes)

TIEMPO DE PREPARACION: *2 horas*
TIEMPO DE COCCION: *45 minutos*

INGREDIENTES: (para 25 porciones)
2 ½ Kg de raíz de yuca, rallada
2 cocos, rallados
1 ¾ tazas de azúcar morena
15 hojas Ti

Pele la yuca y rállela para una textura adecuada. En un tazón mezcle perfectamente la yuca rallada, el azúcar y el coco rallado y déjelos reposar.

Lave las hojas Ti al chorro de agua. Séquelas. Coloque el lado brilloso boca abajo. Remueva la membrana central de la hoja sosteniéndola sobre una superficie plana. Con un cuchillo, rebane el tallo para lograr mayor flexibilidad. Encienda la estufa y pase cada una de las hojas sobre la flama por amos lados lentamente. Ahora están listas para envolver. Corte las hojas por mitad colocando el lado brilloso de las hojas boca abajo.

Esparza 2 ½ cucharas de la mezcla de yuca en el centro de la hoja. Espárzala horizontalmente a lo largo de la hoja. Cuidadosamente doble la parte baja de la hoja sobre la mezcla y envuelva con la parte superior. Doble los dos lados largos de la hoja y colóquelos boca abajo. Asegure la envoltura amarrando dos tamales juntos con las partes dobladas uno enfrente de otro con un hilo de cáñamo. Continué con el resto hasta terminar.

En una vaporera mediana llena con agua hasta las ¾ partes de su capacidad, coloque todos los tamales en capas. Tape la vaporera y hierva a fuego medio durante 30 minutos. Apague el fuego y mantenga la vaporera tapada durante 30 minutos. Saque los tamales de la vaporera y déjelos enfriar antes de servirlos.

Nota:
El tamal se envuelve tradicionalmente en hojas de plátano. La hoja Ti se recomienda porque están disponibles en todas partes en las tiendas de flores de Norte América. Esta hoja exótica crece de manera silvestre en Hawai y las Islas del Caribe. Todo mundo las usa en Hawai para cocinar, para decorar y para hacer faldas. Es muy importante lavarlas al chorro de agua y secarlas antes de usarlas. La hoja de plátano es difícil de conseguir, aun congelada.

TURRON (Banana in Crunchy Wrapper)

TIEMPO DE PREPARACION: *1 hora*
TIEMPO DE COCCION: *30 minutos*

INGREDIENTES: (para 4)
6 plátanos machos maduros medianos, cortados por mitad y rebanados
12 crepas
1 taza de azúcar morena
2 cucharadas de jugo de limón
1 ¼ de mantequilla en barra
3 cucharas soperas de jarabe de maíz
   azúcar de confitería para espolvorear

En una sartén grande a fuego bajo, derrita la mantequilla y ½ taza de azúcar, y añada 1 cuchara sopera de agua. Mueva la mezcla hasta que el azúcar se disuelva y este hirviendo. Añada las rebanadas de plátano y el jugo de limón. Mueva lentamente para cubrir las rebanadas de plátano con el azúcar hirviendo. Añada el jarabe de maíz, mueva un poco, tape y cocine a fuego lento durante 5 minutos. Retírelos del fuego déjelos enfriar unos minutos.

En un plato extendido, extienda una crepa. Unte la crepa con mantequilla por ambos lados. Bañe en azúcar morena 2 rebanadas de plátano y colóquelas en el centro de la crepa. Doble una orilla para cubrirlos, luego la otra y enrolle para formar un rollo. Deje ambos extremos del rollo sin doblar. Repita el proceso y haga 12 rollos. Precaliente el horno a 135° C. Unte una base para hornear galletas con aceite vegetal. Coloque los rollos encima dejando un espacio entre cada uno de ellos. Hornee durante 12 a 15 minutos o hasta que se doren. Cuando estén listos, espolvoréelos con azúcar de confitería. Sírvalos tibios.

VARIACION:
Prepare como se indica pero en lugar de hornear, fríalos en aceite vegetal. Esta es la receta original para preparar turrón. Siga el mismo procedimiento excepto la forma de envolverlos.

Extienda la crepa. Coloque 2 o 3 rebanadas de plátano en la mitad, doble la orilla inferior sobre las rebanadas de plátano, luego doble la orilla derecha y la izquierda. Ruede en dirección a la orilla superior para completar el rollo. En una sartén mediana llena a ¾ partes de aceite vegetal caliente, fría los rollos. El aceite debe cubrirlos los rollos completamente. Cocine hasta se doren por ambos lados. Cuando el turrón se prepara adecuadamente permanece crujiente aun cuando se enfría.

ROLLOS DE ARROZ Y COCO (Rice Flour Dumpling Wrapped in Coconut Flakes)

TIEMPO DE PREPARACIÓN: *2 horas*
TIEMPO DE COCCION: *45 minutos*

INGREDIENTES: (para 20 piezas)
2 tazas de arroz dulce, remojado toda la noche y triturado
1 Kg de coco rallado
2 cucharas soperas de azúcar
2 cucharas soperas de ajonjolí, tostado
½ taza de agua

UN DIA ANTES:
En un tazón mediano lave el arroz y déjelo remojando en agua.

AL DIA SIGUIENTE:
Escúrrale el agua al arroz. En la licuadora, muela el arroz remojado. Una taza primero y después la otra. Añada 2 cucharas soperas de agua. Con un rascador de plástico, baje todo el arroz de las orillas del vaso de la licuadora y de debajo de las aspas para molerlo perfectamente hasta obtener una consistencia de harina. En un tazón grande, amase la harina de arroz. Añada 2 cucharas soperas de agua si esta muy seca.

Haga un rollo con la pasta y divídalo en 20 partes iguales. Ruede una pieza sobre una superficie plana y forme un rectángulo. Con su pulgar, presione la sección media para hacerle un hueco en el centro.

En un hervidor grande lleno de agua hirviendo, vacié los rectángulos de harina de arroz uno por uno. Al principio se hundirán. Tan pronto como floten, la pasta estará cocida. Retírelos del agua y colóquelos sobre papel encerado.

En una sartén pequeña, tueste el ajonjolí, moviendo constante pero lentamente hasta que se dore. Mezcle el ajonjolí tostado con el coco rallado y el azúcar.

Envuelva la pasta cocida individualmente con el coco rallado. Colóquela sobre una bandeja y sírvala inmediatamente.

Notas:
Use coco rallado fresco para mejores resultados. Se recomienda la harina de arroz adquirido en unas tiendas de especialidades culinarias.

PRETZELS AL CARAMELO (Pretzels with Caramelized Sugar)

TIEMPO DE PREPARACION: *2 horas*
TIEMPO DE COCCION: *1 ½ horas*

INGREDIENTES: (para 12 piezas)
2 tazas de arroz dulce, remojado en agua toda la noche
1 taza de azúcar morena (1 cuchara sopera para la pasta)
aceite vegetal para freír

UN DIA ANTES:
En un tazón mediano, lave el arroz dulce. Y déjelo remojar toda la noche en dos tazas de agua.

AL DIA SIGUIENTE:
Escúrrale el agua al arroz. En la licuadora, muela el arroz remojado, una taza primero y después la otra. Añada 2 cucharas soperas de agua. Con un rascador de plástico, baje todo el arroz de las orillas del vaso de la licuadora y de debajo de las aspas para molerlo perfectamente hasta obtener una consistencia de harina. En una tazón grande, amase la harina de arroz perfectamente. Añada 1 cuchara de azúcar y 2 cucharas soperas de agua sí esta muy seca. Haga un rollo con la pasta y divídala en 12 piezas. Ruede una pieza sobre una superficie plana y haga un rollo de aproximadamente 25 cms. Forme pretzels y colóquelos sobre papel encerado.

En una cacerola grande a fuego alto y llena de agua hirviendo, vacié uno por uno los pretzels. Pruebe con el primero. El pretzel se hundirá hasta el fondo, y cuando flote, la pasta estará cocida. Sáquelo del agua y colóquelo sobre papel encerado. Repita la operación con el resto de los pretzels.

Llene 1/3 de una sartén pequeña con aceite vegetal y póngala a fuego medio alto, con cuidado fría cada uno de los pretzels en el aceite caliente hasta que se doren perfectamente por ambos lados.

Retire los residuos del aceite de la sartén. Con ½ taza de aceite vegetal y una taza de azúcar morena a fuego bajo, mueva la mezcla perfectamente con un tenedor. Siga moviendo hasta que el azúcar se derrita. Sumerja cada pretzel frito en el azúcar caramelizada para cubrirlos de caramelo levemente. Los pretzels no necesitan estar bañados de caramelo totalmente, ya que este delicioso postre se puede servir frío.

Nota:
La harina de arroz se puede comprar en una tienda de especialidades culinarias para evitar el largo proceso.

ARROZ MORADO AL COCO (Purple Rice Wrapped in Coconut Flakes)

TIEMPO DE PREPARACION: *1 hora*
TIEMPO DE COCCION: *30 minutos*

INGREDIENTES: (para 4)
1 ½ tazas de arroz dulce, remojado toda la noche
2 cucharas soperas de agua
½ taza de arroz morado, remojado 24 horas
2 cucharas soperas de azúcar
1 coco fresco rallado
1 cuchara sopera de margarina
1 cuchara sopera de ajonjolí, tostado

En la licuadora, muela el arroz dulce remojado y el arroz morado a alta velocidad hasta obtener una consistencia similar a la de la harina. Muela 1 taza a la vez con una cuchara sopera de agua. Con un rascador de plástico, baje todo el arroz de las orillas del vaso de la licuadora y de debajo de las aspas para molerlo perfectamente.

Amase la harina hasta obtener un rollo. Córtelo en varias partes y enrolle cada pieza tan larga como sus dedos. Deles forma y colóquelos en charolas. Es importante que estén separados uno del otro al cocinarlos en una olla para estofar. El estofado de cada una de las charolas solo toma 3 minutos. Unte cada rollo con margarina y cúbralos con el coco rallado, el azúcar y el ajonjolí. Colóquelos en una bandeja y sírvalos inmediatamente.

TARO CON CEREAL DE ARROZ (Taro Roots Rice Krispies & Coconut Milk)

TIEMPO DE PREPARACIÓN: *45 minutos*
TIEMPO DE COCCION: *30 minutos*

INGREDIENTES: (para 4)
½ Kg de raíz de taro, cocida con la cáscara
2 tazas de leche fresca de coco, diluida con 4 tazas de agua fría
2 ½ cucharas soperas de azúcar morena
1 cucharita de extracto de vainilla
1 taza de cereal de arroz

En una cacerola mediana, hierva la raíz de taro durante 30 minutos o hasta que ablande. Retírela del agua y déjela enfriar durante una hora.

Pele la raíz de taro. Rebánela en pedazos de ¼ de pulgada de espesor y colóquelas en una bandeja mediana. Añada la leche de coco, el azúcar y la vainilla. Sírvalas en tazones individuales con 2 cucharas de cereal de arroz.

ARROZ AL COCO (Sweet Rice with Coconut Flakes Roll)

TIEMPO DE PREPARACION: *30 minutos*
TIEMPO DE COCCION: *30 minutos*

INGREDIENTES: (para 4)
2 tazas de arroz dulce
1 coco fresco rallado, 2 tazas
4 tazas de agua
2 cucharas soperas de aceite vegetal
4 cucharas soperas de azúcar refinada
2 cucharas soperas de ajonjolí, tostado
  margarina para dar forma a los rollos

En una sartén a fuego medio con aceite vegetal, tueste el arroz. Mueva lentamente hasta que se dore y desprenda el aroma. Retírelo del fuego y déjelo reposar.

Vacíe el arroz en otra sartén a fuego medio, añada una taza de agua y tápelo. Mueva lentamente hasta que hierva. Añada otra taza de agua y mueva durante otro minuto. Luego vacíe el resto del liquido. Tape la sartén y baje el fuego al mínimo cuando hierva. Mantenga tapado mientras se cuece durante 12 minutos o hasta que el liquido se evapore. Apague el fuego y déjelo enfriar durante 20 minutos.

Mientras el arroz se enfría. Tueste el ajonjolí en una sartén pequeña a fuego medio, moviendo constantemente hasta que se tueste.

En un tazón, mezcle el coco rallado fresco, el ajonjolí tostado y el azúcar.

En una bandeja grande forrada con papel encerado, enrolle 2 o 3 cucharadas de arroz cocido tibio. Unte los rollos de arroz con margarina y cúbralos con el coco rallado mezclado con el azúcar y el ajonjolí. Coloque los rollos en una bandeja y sírvalos inmediatamente. Como botana sírvalos con té.

Nota:
Para mejores resultados use únicamente coco fresco rallado.

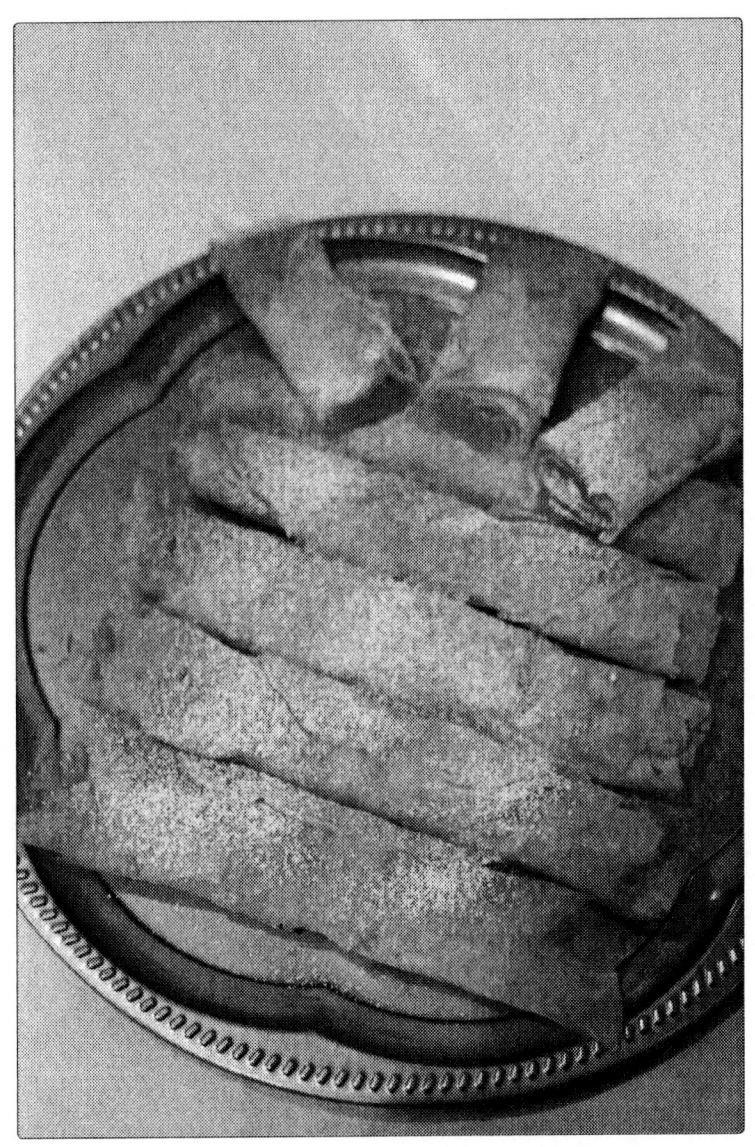

Turrón

Yuca, Tamal

PASTEL DE ELOTE (Corn Cake)

TIEMPO DE PREPARACIÓN: *1 hora*
TIEMPO DE COCCION: *30 minutos*

INGREDIENTES: (para 4)
8 elotes tiernos, puré (aprox. 6 tazas)
2 tazas de leche de coco
¾ de taza de azúcar morena
½ cucharadita de sal
½ taza de maicena, diluida en ½ taza de agua

Corte los granos de maíz con un cuchillo y póngalos en un tazón. En la licuadora, licue los granos de elote a alta velocidad hasta hacer puré.

En un tazón grande, cuele la mezcla con coladera fina o una manta de cielo. Diluya la maicena con el agua y añádalas a la mezcla.

En una cacerola mediana a fuego medio, hierva la leche de coco y el azúcar. Siga moviendo la mezcla hasta que hierva y deje coser durante 10 minutos. Mueva la mezcla de elote y vacíela en la leche de coco que sé esta cocinando. Mueva perfectamente hasta que hierva. Retire del fuego y pásela a un molde para gelatina o un refractario. Deje enfriar a temperatura ambiente durante una hora, y refrigérela durante 2 horas. Sáquela del molde y póngala en una bandeja. Adorne con crema de coco y rocíe con coco rallado tostado.

PARA ADORNAR: Latek (Crema de Coco Coagulada)
En una sartén mediana a fuego alto, hierva las 14 onzas de leche de coco. Moviendo ocasionalmente hasta que el agua se evapore, y la crema comience a cuajar. El aceite y la crema se separarán cuando estén cocidos. Retire del fuego cuando el residuo este levemente dorado.

PARA TOSTAR EL COCO RALLADO:
En una sartén grande a medio fuego, tueste 2 tazas de coco rallado. Con una espátula, mueva perfecta pero lentamente. Rocíe ½ cuchara sopera de azúcar morena, y mueva hasta se dore ligeramente.

Nota:
Use coco rallado únicamente para mejores resultados.

PASTEL DE ARROZ (Rice Cake)

TIEMPO DE PREPARACIÓN: 1 *hora*
TIEMPO DE COCCION: *30 minutos*

INGREDIENTES: (para 30 piezas)
2 tazas de harina de arroz regular
1 cucharita sopera de polvo para hornear
1 taza de leche descremada
2 claras de huevo
¾ de taza de azúcar granulada
3 cucharas soperas de agua
1 cuchara de aceite vegetal
1 cucharita de anís

GUARNICION:
coco fresco rallado

Cernir todos los ingredientes secos – la harina, el polvo para hornear y el azúcar – en un tazón. Añada la leche, el agua y el aceite vegetal, y mezcle bien hasta formar una pasta suave.

En un tazón pequeño bata las claras de huevo con una batidora a punto de turrón. Incorpore la pasta a la espuma. Añada el anís y pase todo a una mofinera engrasada hasta 2/3 partes.

Coloque la mofinera dentro de una olla de vapor y cocine durante 10 minutos o hasta que los pasteles se cuezan, o cuando al clavar un mondadientes este salga limpio. Saque la mofinera de la olla y déjela enfriar durante unos minutos. Mientras espera a que los pasteles enfríen, repita el mismo proceso en otra mofinera hasta que todos los pasteles se cuezan.

Nota:
Para mejor resultados al adornar use únicamente coco rallado fresco.

CARNES

RES

ESTOFADO DE RES (Beef Stew with Hot Chilli)

TIEMPO DE PREPARACION: *30 minutos*
TIEMPO DE COCCION: *45 minutos*

INGREDIENTES: (para 4)
1 ½ Kg de sirloin de res, cortado en trozos
4 cucharas de aceite de oliva
3 dientes de ajo, picados
3 cucharas soperas de salsa de soya Light
1 cebolla mediana, picada
2 jitomates grandes, picados
2 cucharas de pasta de tomate
2 hojas de laurel
2 chiles verdes, cortados en tiras
½ taza de aceitunas rellenas de pimiento morrón, partidas por mitad y drenadas
2 cucharas soperas de vinagre blanco
1 chile manzano, corte juliana
  sal y pimienta al gusto

PARA MARINAR:
1 cuchara sopera de jugo de limón
2 cucharas soperas de salsa de soya
1 cuchara sopera de azúcar
½ cucharita de pimienta negra
1 diente de ajo, picado

Arregle y corte el sirloin en piezas. En un tazón mezcle el jugo de limón, la salsa de soya, el azúcar, el ajo y la pimienta negra, y marine el sirloin durante 2 horas en el refrigerador.

En una sartén a fuego medio, fría el sirloin marinado en aceite de oliva caliente hasta que se dore. Retírelo del fuego.

En la misma sartén a fuego medio, ponga mas aceite de oliva, se saltea el ajo hasta que se dore. Añada la cebolla, los jitomates picados, la salsa de soya, las hojas de laurel, y la pasta de tomate. Mueva lentamente. Añada la pimienta negra y el agua, y deje hervir. Añada el sirloin frito y mueva. Tape la sartén y deje cocinar durante 30 minutos o hasta que el sirloin se ablande. Añada los chiles, el pimiento morrón y mueva. Apague el fuego y deje reposar tapado durante 5 minutos antes de servir.

SIRLOIN A LA MARINERA (Marinated Top Sirloin Steak)

TIEMPO DE PREPARACION: *30 minutos*
TIEMPO D ECOCCION: 25 minutos

INGREDIENTES: (para 4)
1 ½ Kg de sirloin, en rebanadas de 250 grs.
4 cucharas de aceite de oliva
1 cebolla grande, rebanada en aros separados
1 cuchara sopera de mantequilla
1 cuchara sopera de jugo de limón
4 cucharas soperas de salsa de soya Light
   sal y pimienta al gusto

Arregle y corte el sirloin en rebanadas de 250 gramos. En un refractario poco hondo, mezcle el jugo de limón, la salsa de soya, y la pimienta y marine la carne durante 1 hora en el refrigerador. En una sartén mediana a fuego alto caliente aceite de oliva, fría cada bistec de 3 a 5 minutos por ambos lados, o al termino de su preferencia. En la misma sartén a fuego medio con aceite caliente saltee los aros de cebolla con mantequilla y añada una cuchara del jugo para marinar la carne. Mueva durante 1 minuto y retírelas del fuego. Vacíe los aros de cebolla junto con la salsa de soya sobre la carne cocinada y sírvalos.

COSTILLA DE CERDO A LA BARBECUE (Barbecue Spareribs)

TIEMPO DE PREPARACIÓN: *20 minutos*
TIEMPO DE COCCION: *40 minutos*

INGREDIENTES: (para 4)
3 Kg de costillas de cerdo
6 dientes de ajo, machacados
2 tazas de vinagre blanco
1 cucharita de pimienta negra
½ taza de salsa de soya
1 cucharita de sal

Prepare el asador a fuego medio. Con un trinchador grande coloque las costillas con el hueso boca abajo. Báñelas con el jugo para marinar y voltéelas frecuentemente. Áselas durante 10 minutos o al termino de su preferencia.

ASADO DE RES (Simmered Beef Steak in Sauce)

TIEMPO DE PREPARACION: *30 minutos*
TIEMPO DE COCCION: *1 ½ horas*

INGREDIENTES: (para 4)
1 ½ Kg de lomo, cortado piezas de 250 grs.
1/3 de taza de vino blanco
3 hojas de laurel
3 clavos
3 dientes de ajo, picados
250 grs. de salsa de tomate
1 cucharita de zumo de limón
3 cucharas soperas de salsa de soya
4 cucharas soperas de aceite de oliva
250 grs. de champiñones
3 zanahorias, cortadas en forma diagonal
1 cebolla grande, en trozos
2 cucharas de maicena

PARA MARINAR.
1 cuchara sopera de jugo de limón
3 cucharas soperas de salsa de soya
1 cuchara sopera de azúcar

Arregle y corte el lomo en trozos grandes, de aproximadamente 250 grs. cada uno. En un tazón mezcle el jugo de limón, la salsa de soya, el azúcar y la pimienta, y marine la carne durante una hora en el refrigerador.

En una sartén grande a fuego medio, fría a la carne en aceite de oliva hasta que se dore ligeramente. Añada mas aceite de oliva y saltee el ajo hasta que se dore. Añada la cebolla y cocine durante 2 minutos o hasta que se transparente la cebolla. Añada la salsa de tomate, los clavos, las hojas de laurel, el vino blanco y pimienta, y déjelos hervir. Añada la carne frita y mueva. Añada 1 taza de agua, baje el fuego, tape y cocínelo durante 1 hora. Voltee la carne de ves en cuando para que se cueza bien. Cuando la carne esta casi lista añada las zanahorias, los champiñones y el zumo de limón. Ajuste la sazón y la salsa. Diluya 2 cucharas soperas de maicena en ½ taza de agua e incorpórela al guiso. Añada sal y pimienta si es necesario. Mueva a conciencia y deje cocinar hasta que las zanahorias estén cocidas. Retire del fuego. Rebane la carne en trozos pequeños y póngalos en una bandeja. Adorne con las zanahorias y los champiñones alrededor de la carne. Cúbralos con la salsa y sírvalos.

PICADILLO (Ground Beef with Diced Potatoes and Tomatoes)

TIEMPO DE PREPARACION: *30 minutos*
TIEMPO DE COCCION: *25 minutos*

INGREDIENTES: (para 4)
½ Kg de carne de res sin grasa y molida
2 papas medianas, en cuadros
I chile pimiento morrón rojo, corte juliana
I jitomate mediano, picado
I cebolla pequeña, picada
3 dientes de ajo, picados
3 cucharas soperas de salsa de soya Light
3 cucharas soperas de aceite de oliva
3 cucharas soperas de agua
   sal y pimienta al gusto

En una sartén grande a fuego alto caliente el aceite el aceite de oliva, fría la carne. Sazone con sal y pimienta. Mueva la carne de manera uniforme con una espátula hasta que se dore. Retírela del fuego.

En la misma sartén a fuego alto caliente el aceite de oliva, saltee el ajo hasta que se dore. Añada la cebolla, el jitomate, la salsa de soya y la pimienta negra y mueva. Incorpore la papa picada en cubos. Mezcle perfectamente todos los ingredientes. Añada la carne molida. Mueva otra ves. Tape la sartén y deje cocinar durante 15 minutos o hasta que las papas estén cocidas. Destape y añada sal y pimienta si es necesario. Añada el chile manzano, mueva de manera uniforme, tape y deje cocinar durante 2 minutos más. Retírelos del fuego y sirva.

FAJITAS DE RES (Quick Preserved Beef Slices)

TIEMPO DE PREPARACIÓN: *24 minutos*
TIEMPO DE COCCION: *15 minutos*
1 kilo de carne para asar sin hueso, corte fino
3 cucharas de mantequilla

PARA MARINAR:
½ taza de vino tinto
2 cucharas de salsa de soya
1 cucharita de azúcar
1 cucharita de jugo de limón

Arregle la carne y córtela en porciones para servir. Rebane las porciones finamente y póngale ablandador de carne.

En un tazón de cristal o Tupperware, mezcle el jugo de limón, el azúcar. la salsa de soya, el vino tinto y la pimienta negra, y marine la carne durante 24 horas en el refrigerador.

Al día siguiente escúrrale el jugo donde marinó la carne y cámbiela a otro Tupperware para ser cocinada al día siguiente.

PARA COCINAR:
En una sartén a fuego alto con mantequilla, fría los trozos de carne durante 1 minuto por ambos lados o más dependiendo del termino de su preferencia. Arregle la carne en una bandeja y sírvala con su salsa favorita.

Prepare un asador y cocine al carbón a fuego medio. Ase la carne a su gusto o 3 minutos pro lado. Sirva inmediatamente.

CALDO DE RES (Beef Soup)

TIEMPO DE PREPARACIÓN: *20 minutos*
TIEMPO DE COCCION: *1 ½ horas*

INGREDIENTES: (para 4)
1 ½ kg. de sirloin en trozos,
1 cebolla grande, partida en cuatro
2 papas grandes, partidas en cuatro
3 tallos de apio
2 zanahorias, cortadas en trozos
1 cucharita de pimienta en grano
1 rollo de cebollinas, cortados por mitad
2 litros de agua
3 cucharas soperas de salsa de soya
sal al gusto

En una cacerola grande con agua a fuego alto, hierva la carne. Sazone con sal y pimienta. Baje el fuego cuando comience a hervir, y cocine durante una 1 hora o hasta que la carne este casi cocida. Añada las zanahorias, las papas, la salsa de soya y la pimienta y tápela. Después de 15 minutos, añada la sal, la pimienta y agua si es necesario. Añada el apio y las pimientas, y deje cocinar otros 5 minutos. Antes de retirar del fuego, añada las cebollinas y sirva.

Carne Asada, con chayotte
Juliana y zanahorias

Sirloin Relleno

JAMON DE FALDA DE RES (Spiced Beef Ham)

TIEMPO DE PREPARACION: *1 hora*
TIEMPO DE COCCION: *2 horas*

INGREDIENTES:(para 8)
2 Kg de falda de res
1 taza de ron
3 cucharas soperas de sal
½ taza de salsa de soya Light
1 cucharita de clavo en polvo
1 cucharita de ajo en polvo
3 cucharas soperas de azúcar morena
1 cuchara sopera de salvia
½ cuchara sopera de tomillo
1 cuchara sopera de pimienta negra
1 cucharita de pimienta de Jamaica
1 cebolla pequeña, partida en cuatro
1 taza de aceite vegetal

GUARNICION:
Rebanadas de naranja
Peras verde, partidas en cuatro

Ponga la falda en un recipiente poco hondo y vacíele el ron. Escurra el ron y unte la carne con la salsa de soya, los clavos, el ajo, y sal perfectamente. Póngala en un tazón grande y marínela durante 1 hora en el refrigerador. Después de una hora sáquela del refrigerador, extienda la carne y rocíela con el azúcar morena, el tomillo y la pimienta de Jamaica. Haga un rollo con la carne y átelo con una cuerda de algodón. Envuelva el rollo en papel aluminio, colóquelo dentro de un tazón y refrigérelo durante 48 horas.

Para cocinarlo, ponga la carne en una cacerola tan grande como para acomodar la carne en su interior. Añada una taza de aceite vegetal. 6 tazas de agua y la cebolla. Tape la cacerola y déjelo cocinar a fuego lento durante 2 horas. De vez cuando voltee el rollo para asegurar que se cueza de manera uniforme. Deje que la carne se enfrié en su propio jugo. Escúrrale el jugo antes de pasarla a una bandeja. Corte rebanadas delgadas y sírvalas a temperatura ambiente.

MECHADO (Simmered Beef Loin Steak)

TIEMPO DE PREPARACIÓN: *30 minutos*
TIEMPO DE COCCION: *1 ½ horas*

INGREDIENTES: (para 6)
2 Kg de solomillo de res, cortado en trozos de ½ Kg
4 tiras de tocino
4 rebanadas de jamón de 3.5 cms de espesor
1 lata de jugo de tomate de 8 onzas
4 dientes de ajo, picados
1 cebolla mediana, rebanada
3 cucharas soperas de salsa de soya Light
2 hojas de laurel
3 papas, partidas en cuatro
2 zanahorias, cortadas en trozos
    sal y pimienta al gusto

PARA MARINAR:
1 cuchara sopera de jugo de limón
2 cucharas soperas de salsa de soya
1 cuchara sopera de azúcar morena
    pimienta negra

Arregle y corte el solomillo en trozos de ½ kilo. Haga un corte a lo largo en el centro de cada trozo lo suficientemente grande para el relleno.

En un tazón mezcle el jugo de limón, la salsa de soya, el azúcar y la pimienta negra, y marine la carne durante 1 hora, volteándola de vez en cuando. Después de marinar la carne, prepare el tocino y las rebanadas de jamón para insertarlas como relleno en la carne. Con una mano sostenga la carne, y con la otra rellene primero con el jamón y luego con el tocino. Una vez rellena la carne se fríe en una sartén con aceite de oliva hasta que se dore. Y se retira del fuego.

En la misma sartén se saltea el ajo hasta que se dore. Añada la cebolla y mueva hasta que la cebolla este transparente. Añada la salsa de tomate, los ajos, las hojas de laurel, la salsa de soya, la pimienta negra y una taza de agua. Deje hervir, luego añada la carne frita. Tape y deje cocinar, volteando la carne de vez en cuando y moviendo la salsa. Añada mas agua sí esta muy seca la preparación. Añada sal y pimienta la gusto. Deje cocinar durante 1 hora. Añada las papas y las zanahorias 15 minutos antes de completar la hora. Tape hasta que la carne, las papas y las zanahorias estén cocidas. Retire del fuego, deje enfriar unos minutos. Rebane la carne en porciones pequeñas y colóquelas en una bandeja. Adórnelas con las zanahorias y las papas. Póngales la salsa encima.

SIRLOIN RELLENO (Stuffed Beef Sirloin)

TIEMPO DE PREPARACION: 1 ½ horas
TIEMPO DE COCCION: 1 ½ horas

INGREDIENTES: (para 4)
2 ½ Kg de solomillo, en rebanadas aplanadas de ½ cm de espesor
2 salchichas de cerdo, precocidas
6 onzas de jamón, en tiras
1 pimiento morrón rojo, en tiras
4 pepinillos, rebanados por mitad y a lo largo
2 cebollas pequeñas picadas, para estofar y cocinar
½ taza de queso Parmesano rallado
½ taza de aceite vegetal
1 lata de jugo de tomate de 6 onzas
3 hojas de laurel
    sal y pimienta al gusto

PARA MARINAR:
3 cucharas soperas de salsa de soya
1 cuchara sopera de azúcar
1 cuchara sopera de jugo de limón
2 dientes de ajo, picados
una pizca de pimienta negra

Con un cuchillo filoso, corte una rebanada de sirloin de un cm de espesor. Use un aplanador de carne para extenderla la carne hasta 25 cms de ancho y 40 cms de largo.

En un tazón mezcle la salsa de soya, el jugo de limón, la pimienta negra, el azúcar y el ajo. Mezcle perfectamente y marine la carne durante 1 hora.

Extienda la carne marinada sobre una superficie plana. Arregle las salchichas, el jamón, los pepinillos el pimiento morrón rojo en una hilera en una de las orillas del ancho de la carne. Espolvoree algo de cebolla picada, queso Parmesano, sal y pimienta al gusto. Doble los lados cortos para mantener el relleno en su lugar, y ruede la carne de los lados para formar un rollo. Asegure el relleno amarrando firmemente el rollo con un hilo de cáñamo.

En una sartén a fuego medio con aceite caliente, saltee el ajo y la cebolla, mueva ye incorpore la salsa de soya y las hojas de laurel. Fría los rollos de carne hasta que se doren por ambos lados. Añada 1 taza de agua, el jugo de tomate, la sal y la pimienta. Tape y cocine, volteando la carne ocasionalmente durante 45 minutos o hasta que la carne este cocida. Retire del fuego y páselo a una bandeja. Cuando enfrié, retire el cáñamo y rebane en porciones para servirlo.

PUCHERO (Beef, Chicken, Cerdo, Verduras Hervidas)

TIEMPO DE PREPARACIÓN: *30 minutos*
TIEMPO DE COCCION: *45 minutos*

INGREDIENTES: (para 6)
1 ½ Kg de solomillo, en trozos regulares
12 tazas de caldo
1 ½ Kg de pechuga de pollo, en trozos regulares
2 elotes, cortados en 6 partes
½ Kg de jamón, cortado en 6 pedazos
1 cebolla grande, partida en cuatro
2 dientes de ajo, picado
2 jitomates grandes, rebanados
3 cucharas soperas de aceite vegetal
3 cucharas soperas de salsa de soya Light
½ taza de jugo de achiote
2 chayotes, partidos en cuatro
2 camotes, partidos en cuatro
1 col pequeña, partida en cuatro
   sal y pimienta al gusto

Lave y limpie las verduras. Pele los chayotes, córtelos en cuatro y quíteles la semilla. Corte los elotes en tres partes cada uno. Pele los camotes y córtelos en cuatro. Corte la col en 6 partes.

En una cacerola grande, llena con ¾ partes de agua a fuego medio alto, hierva el pollo y el solomillo. Sazone con sal y pimienta. Cocine durante 45 minutos o hasta que la carne este cocida. Retírela del fuego, y guarde el caldo aparte.

En la misma cacerola a fuego medio caliente aceite vegetal, saltee el ajo durante 1 minuto. Mueva e incorpore la cebolla, los jitomates, la salsa de soya, la pimienta y el jugo de achiote. Cocine 3 minutos, añada la carne y mueva para mezclar el color del achiote. Vacíe el caldo y ajuste el fuego a medio alto. Añada el camote y el elote, tape y cocine durante 15 minutos. Después de los 15 minutos, añada el chayote y la col, y añada sal y pimienta si es necesario. Tape y continúe cocinando durante 10 minutos o hasta que la el elote y la col estén cocidos. Retire del fuego.

En una bandeja honda, arregle la col alrededor. Mezcle el elote con el chayote, el pollo, el camote, el solomillo y las rebanadas de jamón. Vacíe un poco de salsa encima y sirva inmediatamente.

POLLO

Pollo Relleno

Pechugas de Pollo

PECHUGAS DE POLLO AL ACHIOTE (Chicken Apretada)

TIEMPO DE PREPARACIÓN: *30 minutos*
TIEMPO DE COCCION: *40 minutos*

INGREDIENTES:(para 4)
2 ½ Kg de pechugas de pollo, cortadas en trozos para servir
2 cucharas soperas de achiote, diluido
1 jitomate grande, picado
2 dientes de ajo, machacado
1 pimiento morrón rojo, cortado en tiras gruesas
2 zanahorias, cortadas en trozos
½ taza de aceite vegetal
2 cucharas soperas de salsa de soya Light
2 papas medianas picadas, partidas en cuatro
2 tallos de apio, cortados a lo largo en trozos de 5 cms.
4 cucharas soperas de caldo de pollo
2 hojas de laurel
   sal y pimienta al gusto

Corte las pechugas de pollo en trozos para servir. Úntelas con sal y pimienta. Déjelas reposar.

En una sartén grande a fuego medio, caliente aceite y fría el pollo durante 2 minutos por ambos lados. En la misma sartén saltee el ajo hasta que se dore. Añada la cebolla picada y mueva hasta que este transparente. Mueva y añada el jitomate picado, las hojas de laurel, la salsa de soya y la pimienta negra. Vacíe el jugo de achiote. Cocine durante unos minutos y añada el caldo de pollo. Revuelva todos los ingredientes. Añada las papas y las zanahorias. Añada pimienta y sal si es necesario. Tape y cocine durante 15 minutos. Cheque el pollo. Si esta cocido añada el pimiento morrón rojo y el apio, tape y cocine otro minuto.

VARIACIONES:
Prepare como se indica pero substituya el pollo por carne de cerdo. Una combinación de cerdo y pollo da un sabor magnifico. Use la misma cantidad de carne y siga los mismos procedimientos.

POLLO RELLENO (Stuffed Whole Chicken)

TIEMPO DE PREPARACION: *4 – 6 horas*
TIEMPO DE COCCION: *2 horas*

INGREDIENTES: (para 10)
1 pollo de 2.5 Kg
1 Kg extra de carne de pollo
½ Kg de carne de cerdo
1 taza de pasas
4 huevos, batidos
½ tasa de pepinillos picados
½ taza de queso cheddar, rallado
5 cucharas soperas de maicena
½ taza de leche
1 pimiento morrón rojo, en tiras
2 cebollas grandes, picadas
5 rebanadas de pan blanco
½ taza de salsa de soya
  sal y pimienta al gusto

PARA MARINAR:
2 cucharas soperas de jugo de limón
½ taza de salsa de soya
  una pizca de pimienta

Retire las menudencias y corte el pescuezo del pollo. Enjuague y escurra perfectamente. Coloque la pechuga boca abajo en una superficie plana. Con un cuchillo bien afilado, haga un corte vertical a lo largo y en la parte central del pollo. Corte cuidadosamente la carne de la espalda y de la pechuga. Deje las alas, los muslos y la piel del pollo intacta. Marine la carne que separo en jugo de limón, salsa de soya y pimienta durante una hora en el refrigerador.

En una cacerola grande llena con agua a fuego medio, hierva todas las partes del pollo, incluyendo la carne de cerdo, hasta que se ablanden. Sazone con sal y pimienta. Con movedor de carne "old fashioned" muela toda la carne de pollo y de cerdo. Se puede usar un procesador de alimentos, con corte grueso. (No puré). En un tazón grande mezcle la carne molida, las pasas, el queso, los pepinillos picados, la cebolla, la pimienta y la salsa de soya perfectamente. En un tazón pequeño, diluya la maicena con leche, mueva e incorpore los huevos y mezcle perfectamente. Añada sal y pimienta al gusto.

Ponga la mezcla en un tazón y añada el pan para relleno extra si es necesario. Extienda la piel del pollo, la pechuga y los muslos marinados. Llene la cavidad con todos los ingredientes. Añada migajas de pan o carne si es necesario. Con una aguja e hilo de algodón, cosa el pollo para cerrar de principio a fin. Deje el pollo relleno boca arriba. Amarre los muslos no muy justo con un cáñamo.

Precaliente el horno a 176° C. En refractario para hornear no muy hondo, coloque el pollo boca arriba y úntelo con aceite vegetal. Tape el pollo con un papel aluminio pequeño para evitar que se dore la piel. Hornee durante 2 horas, y retire el papel aluminio después de 1 ½ hora. Retire el hilo de la espalda del pollo y colóquelo en una bandeja. Corte el pollo a lo largo. Luego rebane en porciones.

GUARNICION:
1 piña de 16 onzas en cubos
para cubrir

POLLO A LA BARBECUE (Chicken Barbecue)

TIEMPO DE PREPARACIÓN: *10 minutos*
TIEMPO DE COCCION: *30 minutos*

INGREDIENTES: (para 4)
2.5 Kg de pechuga de pollo, cortada en trozos grandes
2 dientes de ajo, picados
½ taza de salsa de soya
½ taza de vinagre blanco
1 cuchara sopera de azúcar
1 cuchara sopera de pimienta negra

En un tazón grande, mezcle el vinagre, la salsa de soya, el azúcar y la pimienta. Marine la carne de pollo durante 4 horas o toda la noche en el refrigerador.

Prepare el asador. Con un tenedor grande, coloque la carne de pollo en el asador a fuego miedo. Volteando ocasionalmente y bañándola con el jugo con el que marinó la carne, deje asar la carne durante 30 minutos o hasta que este bien cocida. Coloque la carne asada sobre una tabla para cortar y rebane en porciones. Sirva con su salsa favorita.

El Adobo es el platillo más famoso de Filipinas. Se considera el platillo nacional de las Filipinas, debido a que ese sirve en la mayoría de las fiestas, bautizos, y otras celebraciones especialmente entre Filipinos que viven en el extranjero. Realmente, el Adobo es un platillo cotidiano y tiene muchas variaciones. Sin embargo, contiene todos los ingredientes básicos: salsa de soya, vinagre, ajo y pimienta. La selección de la carne es, pollo, cerdo, res o una combinación de credo y res, pollo y cerdo y viceversa. La preparación puede acortarse o simplificarse marinando durante una hora en lugar de 2 horas. El marinar es muy importante en esta receta. Es más que simplemente ablandar y enriquecer el sabor de la carne. No es Adobo si no esta marinado.

POLLO EN ADOBO (Chicken Adobo)

TIEMPO DE PREPARACIÓN: *30 minutos*
TIEMPO DE COCCION: *30 minutos*

INGREDIENTES: (para 4)
8 muslos de pollo, cortados en porciones para servir
1 cebolla pequeña, picada
5 dientes de ajo, picados
2 hojas de laurel
1/3 de taza de vinagre blanco de arroz
4 cucharas soperas de salsa de soya Light
4 cucharas soperas de aceite de oliva
½ cuchara sopera de jugo de limón
½ cuchara sopera de azúcar morena
   sal y pimienta al gusto

En un tazón marine el pollo en una mezcla de vinagre blanco de arroz, azúcar, jugo de limón, ajo, pimienta y salsa de soya durante 1 hora.

En una sartén grande a fuego medio caliente aceite de oliva, saltee el ajo hasta que se dore. Añada mas aceite de oliva y fría la carne marinada de pollo durante 3 minutos por cada lado. Mueva e incorpore la cebolla y cocine durante 3 minutos. Vacíe el jugo para marinar. Añada las hojas de laurel, sal y pimienta si es necesario. Mueva la salsa y tape la sartén. Mueva el pollo y la salsa lentamente mientras se cocinan. Baje el fuego y cocine hasta que el liquido se reduzca a una salsa espesa y la carne este cocida. Retire del fuego y colóquelo en una bandeja.

Nota:
El sabor de este platillo es mejor cuando se sirve al día siguiente. Manténgalo en refrigeración.

ROLLO DE CARNE (Chicken and Pork Meat Loaf)

TIEMPO DE PREPARACION: *45 minutos*
TIEMPO DE COCCION. *1 hora 30 minutos*

INGREDIENTES: (para 4)
1 ½ Kg de carne de pollo molida
½ Kg de carne de cerdo molida
¾ de taza de cebolla picada
2 cucharas soperas de salsa de soya
1 ½ cucharas soperas de maicena
2 cucharas soperas de pepinillos
1 cuchara sopera de pimiento morrón rojo, en tiras
2 huevos batidos
½ taza de aceitunas
10 hojas verdes de mostaza
    sal y pimienta al gusto

Selecciones hojas verdes de mostaza de buen tamaño. Lávelas bajo el chorro de agua perfectamente. Corte el tallo y séquelas con papel absorbente.

En un tazón, mezcle la carne molida de pollo y de cerdo. Añada la cebolla picada, la maicena, la salsa de soya, los pepinillos, la pimienta negra, sal y mezcle perfectamente. Agregue los huevos batidos y sazone. Añada sal y pimienta si es necesario y deje reposar.

En un refractario para carne de 4-1/2 x 8-1/2 pulgadas, coloque las hojas verdes de mostaza en el fondo y alrededor hasta cubrir el refractario totalmente. Deje que parte de las hojas salgan de las orillas del refractario. Extienda la mezcla en el fondo y ponga algunas aceitunas y tiras de pimiento morrón al llenar el refractario con la mezcla. Doble las hojas que sobresalen del refractario para cubrir la mezcla. Cubra el refractario con papel aluminio. En el horno precalentado a 176° C, deje hornear durante 1 hora y 20 minutos o hasta que la carne este cocida. Retírela del horno y déjela enfriar durante 2 horas. Cuando enfríe voltee el rollo boca abajo y colóquelo en una bandeja y rebane en piezas de 1.5 cms.

VARIACIONES:
Prepare como se indica arriba pero use la misma cantidad de carne de pollo molida y de cerdo. Siga el mismo procedimiento.

POLLO A LA CACEROLA (Chicken Soup with Ginger and Vegetables)

TIEMPO DE PREPARACIÓN: *20 minutos*
TIEMPO DE COCCION: *30 minutos*

INGREDIENTES: (para 4)
1 ½ de pollo cortado en porciones para servir
1 cuchara sopera de jengibre, cortado en tiras delgadas
1 cebolla mediana, rebanada
½ cuchara sopera de pimienta en grano
2 dientes de ajo, picados
10 tazas de agua
2 cucharas soperas de salsa de pescado
2 chayotes, partidos en cuatro
1 manojo de berros
2 cucharas soperas de aceite vegetal

Pele los chayotes, córtelos en cuatro retirándoles las semillas. En una cacerola honda a fuego medio, se saltea el ajo y el jengibre durante 2 minutos. Añada la cebolla y remueva hasta conseguir un aspecto transparente. Añada las piezas de pollo y fríalas durante 5 minutos. Mueva e incorpore la salsa de pescado y el agua. Tape y deje cocinar de 20 a 30 minutos. Añada la pimienta y el chayote. Añada sal y pimienta si es necesario. Tape y deje cocinar hasta que la carne y el chayote estén completamente cocidos. Apague la flama y añada los berros. Tape y deje reposar durante 5 minutos y sirva.

POLLO AGRIDULCE (Chicken in Sour Soup)

TIEMPO DE PREPARACION: *20 minutos*
TIEMPO DE COCCION: *30 minutos*

INGREDIENTES: (para **4**)
1 ½ de pollo
3 cucharas soperas de jugo de limón
1 jitomate grande, en rebanadas
1 cebolla mediana, en rebanadas
3 chiles güeros
10 tazas de agua
2 cucharas soperas de salsa de soya
250 grs. de ejotes
2 zanahorias cortadas en trozos
2 cucharas soperas de aceite vegetal
1 manojo de berros
sal y pimienta al gusto

En una cacerola grande a fuego medio, se saltea la cebolla en aceite vegetal hasta conseguir una apariencia transparente. Añada la carne de pollo y una pizca de sal y pimienta. Mueva y deje cocinar durante 5 minutos. Mueva e incorpore el jitomate, la salsa de soya y el jugo de limón y deje cocinar durante 2 minutos. Añada el agua, tape y deje cocinar durante 10 minutos. Mientras se cocina, agregue las zanahorias, los ejotes, el apio, los chiles güeros y la pimienta en grano. Añada jugo de limón y sal si es necesario. Deje cocinar durante 10 minutos o hasta que las verduras y la carne estén bien cocidas. Añada los berros. Tape y retire del fuego.

POLLO EN MACARRONES (Chicken Macaroni Soup)

TIEMPO DE PREPARACIÓN: *45 minutos*
TIEMPO DE COCCION: *1 hora*

INGREDIENTES: (para 8)
2 tazas de macarrones
2 tallos de apio, picados
½ Kg. De pechuga de pollo, empanizada
1 cuchara sopera de perejil, picado
3 litros de caldo de pollo
2 zanahorias, en cubos
2 dientes de ajo
sal y pimienta al gusto
4 cucharas soperas de aceite vegetal
1 cebolla mediana, picada
2 cucharas soperas de salsa de soya
1 taza de leche

En una cacerola grande, a fuego medio, llena hasta la mitad con agua, hierva las pechugas de pollo, añada sal y pimienta y cocine hasta que estén cocidas. Retire la carne del fuego y déjela enfriar en un platón. Guarde el caldo en un recipiente aparte. En una cacerola grande, a fuego medio se saltea el ajo en aceite caliente hasta que se dore. Añada la cebolla, mueva durante unos minutos, luego añada las pechugas empanizadas. Mueva y tape. Mueva ocasionalmente mientras se cocina durante 10 minutos. Añada el apio picado, el cilantro, las zanahorias y la leche. Sazone, añada agua, sal y pimienta si es necesario y tape dejando cocinar 5 minutos o hasta que los macarrones estén cocidos. Retire del fuego y sirva.

POLLO FRITO (Fried Chicken)

TIEMPO DE PREPARACION: *25 minutos*
TIEMPO DE COCCION: *45 minutos*

INGREDIENTES: (para 4)
3 pollos sin pescuezo y sin patas, partidos por mitad
2 huevos batidos
1 cuchara sopera de crema de cacahuate
   sal y pimienta al gusto
   aceite vegetal para freír

PARA MARINAR:
1 cuchara sopera de jugo de limón
3 cucharas soperas de salsa de soya Light
1 diente de ajo, machacado
½ cuchara sopera de azúcar
½ cuchara sopera de pimienta negra
1 cuchara sopera de vino blanco

Lave el pollo bajo el chorro de agua. Colóquelos boca abajo en una superficie plana. Con un cuchillo bien afilado, corte a lo largo en la parte central y abra.

En un tazón mezcle el vino blanco, el jugo de limón, la salsa de soya, el azúcar, el ajo y la pimienta, marine el pollo durante 2 horas en el refrigerador. Ocasionalmente voltee el pollo. Añada mas sal si es necesario.

Después de marinar, retire el exceso de jugo y seque el pollo con papel absorbente. Bata los huevos a punto de turrón, añada la crema de cacahuate y sumerja los pollos en esta mezcla. Es muy importante que cada que sumerja el pollo la mezcla este a punto de turrón para freírlos.

En una sartén mediana llena con un 1/3 de aceite vegetal a fuego medio fría la carne de pollo hasta que se dore por ambos lados.

Jamón de Cerdo

Asado de Cerdo

CERDO

CERDO EN ADOBO (Pork Adobo)

TIEMPO DE PREPARACIÓN: *30 minutos*
TIEMPO DE COCCION: *30 – 45 minutos*

INGREDIENTES: (para 4)
1kg. de chuletas de cerdo
1/3 de taza de vinagre de arroz
4 dientes de ajo (2 para marinar y 2 para saltear), picados
3 cucharas soperas de salsa de soya Light
½ cucharada de cebollines, picados
3 hojas de laurel
2 clavos
3 cucharas soperas de aceite vegetal
   sal y pimienta al gusto

En un tazón, mezcle un diente de ajo machacado, el vinagre de arroz, la salsa de soya y la pimienta negra. Marine las chuletas durante 1 hora.

En una sartén grande a fuego medio con aceite caliente, fría las chuletas previamente marinadas durante 5 minutos por ambos lados. En una sartén aparte con aceite caliente, se saltean el ajo y la cebolla durante 1 minuto. Añada el jugo para marinar, los clavos y la hoja de laurel y mueva hasta que hiervan. Añada las chuletas. Añada sal y pimienta al gusto. Deje cocinar a fuego lento hasta que estén cocidas. Retire del fuego y sirva.

CERDO A LA PIÑA (Grilled Pork Chops with Pineapple)

TIEMPO DE PREPARACION: *20 minutos*
TIEMPO DE COCCION: *30 minutos*

INGREDIENTES: (para 6)
2 ½ Kg de chuletas, cada una de 250 gms.
4 dientes de ajo, picados
½ taza de salsa de soya
½ taza de vinagre blanco
1 cuchara sopera de azúcar morena
1 cebolla pequeña, picada
½ cuchara sopera de pimienta negra

GUARNICION:
1 lata de 6 onzas de piña en almíbar
1 cebolla mediana, en rebanadas
1 pimiento morrón verde, en tiras
2 cucharas soperas de aceite vegetal
2 cucharas soperas de salsa de soya
   sal y pimienta al gusto

En un tazón, mezcle el vinagre la salsa de soya, el ajo, la cebolla, el azúcar y la pimienta para marinar la carne durante 2 horas o toda la noche en el refrigerador.

Prepare el asador de carne. Con un tenedor deposite las chuletas en el asador. Volteándolas ocasionalmente y bañándolas con el jugo para marinar. Áselas durante 30 minutos o hasta que estén cocidas.

Ponga las chuletas en una tabla y corte por tiras para servir. Arréglelas en un platón en hilera y prepárese para cocinar la guarnición.

En una sartén a fuego medio con aceite caliente se saltea los aros de cebolla y el pimiento morrón durante 1 minuto. Añada la salsa de soya y la pimienta negra y retire del fuego inmediatamente. Coloque las rebanadas de piña a un lado de la carne asada. Vacié el pimiento morrón y la cebolla salteada sobre las rebanadas de piña. Esta es la guarnición y el toque final para servir esta receta.

VARIACIONES:
Prepare como se indica pero substituya las chuletas por 5 Kg de costillas. Doble el volumen de los ingredientes para marinar. Marine las costillas durante 2 horas o toda la noche en el refrigerador.

Ase las costillas con el hueso hacia abajo volteándolas ocasionalmente y bañándolas con el jugo para marinar durante 20 minutos o hasta que estén bien cocidas.

Colóquelas en una bandeja y agrégueles la guarnición.

JAMON DE CERDO (Ham)

TIEMPO DE PREPARACIÓN: *24 horas*
TIEMPO DE COCCION: *2 ½ a 3 horas*

INGREDIENTES: (para 8)
3 Kg de solomillo
2 cucharas soperas de sal
I taza de ron
I cuchara sopera de ajo en polvo
I cuchara sopera de clavo en polvo
2 cucharas soperas de pimienta negra
½ taza de azúcar morena
½ taza de salsa de soya
I cuchara sopera de zumo de naranja

SALSA:
I taza de aceite vegetal
5 hojas de laurel
4 cebollas medianas, partidas en cuatro

GUARNICION:
I chile manzano, en cubos
   rebanadas de mango
   chayote, pelado y en cubos

En un tazón grande marine la carne con el ron volteando durante 2 minutos. Retire el exceso del liquido y ponga la carne sobre una tabla. Unte la carne con la sal, la pimienta negra, el azúcar morena, los clavos, el zumo de naranja y el ajo en polvo. Haga un rollo con la carne y amárrela con hilo de cáñamo. Envuelva la carne con plástico o papel aluminio y refrigere durante 24 horas.

Al día siguiente, en una cacerola a fuego lento, ponga a cocinar la carne. Añada aceite vegetal, las hojas de laurel y las cebollas alrededor de la carne. Tápela y deje cocinar durante 3 horas o hasta que la carne este bien cocida, volteando y bañando la carne con el jugo de vez en cuando.

Retire la carne de la cacerola y póngala a enfriar en una bandeja. Retire el hilo y agregue la guarnición alrededor de la carne. Vacié el jugo de la cacerola sobre la carne y la guarnición.

ASADO DE CERDO (Pork in Sherry and Soy Sauce)

TIEMPO DE PREPARACIÓN: *1 hora*
TIEMPO DE COCCION: *45 minutos*

INGREDIENTES: (para 4)
1 ½ kg. de chuletas de cerdo, cortadas en tiras largas
4 cucharas soperas de salsa de soya Light
2 cebollas medianas, en rebanadas
2 cucharas soperas de jerez o vino tinto
3 hojas de salvia fresca o 1 cucharada de té de salvia seca
3 cucharadas soperas de aceite de oliva
2 clavos
1 chile piquin, machacado
1 cuchara sopera de azúcar morena
2 cucharas soperas de agua
   sal y pimienta al gusto

GUARNICION:
cáscara de naranja en espiral
perejil

En un tazón combine perfectamente el jerez o el vino tinto con el azúcar, la salsa de soya, la salvia y la pimienta. Marine las chuletas durante 1 hora. Moviéndolas ocasionalmente para balancear el marinado.

En una sartén de 12 pulgadas a fuego bajo, caliente aceite de oliva, se saltea la cebolla. Aparte la cebolla sin sacarla del sartén y fría la carne marinada durante 3 minutos por ambos lados. Vacié el jugo para marinar y mueva. Añada la salvia, los clavos, el chile piquin y el agua. Mueva y tape. Deje cocinar durante 10 minutos. Tape la sartén y deje cocinar hasta que la carne este bien cocida y la salsa se evapore. Retire del fuego y corte la carne en porciones para servir. Sírvala en una bandeja y agregue la guarnición.

PIERNA DE CERDO HORNEADA (Roast Pork)

TIEMPO DE PREPARACION: *30 minutos*
TIEMPO DE COCCION: *3 ½ horas*

INGREDIENTES (para **8**)
1 pierna de cerdo de 3 Kg
2 cucharas soperas de aceite vegetal
1 lima mediana
   sal y pimienta al gusto

SALSA:
4 cucharas soperas de vinagre blanco
1 cuchara sopera de azúcar
250 grs. de hígado de cerdo, precocido y licuado
2 tazas de agua
3 cucharas soperas de aceite vegetal
1 diente de ajo, picado
2 cucharas soperas de maicena, diluida
1 cebolla pequeña, picada
½ cucharita de pimienta negra

Lave y enjuague la pierna de cerdo. Corte la lima y unte el jugo en toda la carne. Rocié con sal y pimienta, y vuelva a untar con el jugo de la otra mitad de la lima. Pre-caliente el horno a 185° C y coloque la pierna en un refractario abierto. Aplíquele a la carne aceite para ensalada y hornee durante 3 horas o hasta que la carne este crujiente, hará pequeños estallidos mientras se hornea en el horno. Un lechón se sirve tradicionalmente con la piel crujiente y el puerco completo, sé cocé en un hoyo abierto.

En un tazón sirva 4 cucharadas de vinagre blanco, añada sal, pimienta y azúcar. Con una cuchara aplaste el hígado cocido en un tazón, añada aguan y déjelo reposar.

En una sartén pequeña a fuego medio se saltea el ajo el aceite vegetal. Añada la cebolla picada y mueva 1 minuto. Mueva e incorpore el hígado y deje cocinar durante 1 minuto. Añada una taza de agua y deje cocinar 2 minutos. Vacié la mezcla de vinagre, pero no mueva hasta que hierva. Deje cocinar durante 3 minutos. En un tazón diluya la maicena con ¾ de taza de agua y vacíelo a la mezcla que sé esta cocinando. Retire del fuego y ponga en un plato para gravy.

Retire la pierna del horno y sírvala en un platón. Corte rebanadas para servir con porciones de la piel crujiente. Sirva inmediatamente con un tazón con la salsa aparte.

El cocinar pierna de puerco es una tradición en muchos países. Esta sección del cerdo no es únicamente rica si no además es altamente nutritiva. La carne de cerdo con hueso tiene mas sabor y contiene vitamina B1, misma que ayuda a prevenir la fatiga. Esto es recomendado para gente convaleciente de edad avanzada.

PATAS DE CERDO A LA VINAGRETA (Pig's Hock Simmered in Vinegar and Red Wine)

TIEMPO DE PREPARACIÓN: *10 minutos*
TIEMPO DE COCCION: *2 ½ horas*

INGREDIENTES: (para 4)
2 ½ kg. de patas de cerdo y corvejones
2 cucharas soperas de vinagre blanco
1/3 taza de vino tinto
1 cuchara sopera de azúcar morena
3 hojas de laurel
1 cebolla mediana, partida en cuatro
1 diente de ajo, picado
2 clavos
2 cucharas soperas de aceite vegetal
1 litro de caldo
1 cuchara sopera de albahaca seca
*   sal y pimienta al gusto*

PARA MARINAR:
2 cucharas soperas de jugo de limón
2 cucharas soperas de azúcar
3 cucharas soperas de salsa de soya
*   una pizca de pimienta*

En un tazón grande se mezcla el jugo de limón, el azúcar, la salsa de soya y la pimienta, se ponen a marinar las patas de cerdo durante 2 horas.

En una cacerola grande llena a la mitad de agua, se deja hervir la carne marinada. Se sazona con un poquito de sal. Se baja la flama cuando comience a hervir. Se deja cocinar durante 1 ½ hora o hasta que la carne este bien cocida. En otra cacerola se saltea el ajo y la cebolla en aceite caliente. Se añade el vinagre. No se mueve hasta que hierva. Mueva y añada azúcar y vino tinto, el laurel, los clavos, la salsa de soya, la albahaca y la pimienta. Añada la carne cocida y mueva. Vacié 1 litro de caldo y deje cocinar tapado. Añada mas caldo y sal si es necesario. Deje cocinar durante 35 minutos a fuego lento hasta que la carne este bien cocida.

VARIEDAD DE CARNES

Cerdo a la Barbecue con salsa

Callos

CALLOS (Tripe and Garbanzos)

TIEMPO DE PREPARACION: *35 minutos*
TIEMPO DE COCCION: *45 minutos*

INGREDIENTES: (para 4)
750 grs. de callos cortada en cubos
2 tazas de garbanzos, precocidos
I jitomate grande, picado
I lata de 4 onzas de puré de tomate
3 dientes de ajo, picados
I cebolla mediana, picada
3 cucharas soperas de salsa de soya
2 chiles verdes, en tiras
½ taza de perejil, picado
3 cucharas soperas de aceite vegetal
2 tazas de caldo de pollo
   sal y pimienta al gusto

GUARNICION:
I manojo de cilantro fresco

Seleccione callo grueso duro y blanco. Existe en el mercado precocido.

Lávelo y límpielo en agua fría. En una sartén grande llena hasta la mitad con agua, a fuego medio, se cuece el callo durante 45 minutos. Retírelo del fuego y déjelo enfriar durante 15 minutos. Corte y rebane el callo en pequeños cuadros o cubos. Déjelo reposar.

En una sartén a fuego medio, se saltea el ajo en aceite vegetal hasta que se dore. Añada la cebolla y mueva hasta conseguir una textura transparente. Añada el jitomate, la pimienta, una pizca de sal y mueva. Añada el callo, mueva y agregue salsa de soya. Vacíe el puré de tomate. Añada el caldo de pollo o agua, tape y deje cocinar hasta que el callo este cocido. Añada los garbanzos precocidos, las tiras de chile y el perejil picado. Añada sal y pimienta si es necesario. Retire del fuego y sírvalo con cilantro.

RES EN CREMA DE CACAHUATE (Oxtail, Vegetables with Peanut Sauce)

TIEMPO DE PREPARACIÓN: *30 minutos*
TIEMPO DE COCCION: 55 minutos

INGREDIENTES: (para 4)
1 ½ de cola de res, en trozos
½ Kg de ejotes
1 manojo de acelgas, partidas por mitad
2 calabacitas, rebanadas
2 tallos de apio, cortado en trozos pequeños
3 dientes de ajo, picados
3 cucharas soperas de crema de cacahuate
1 cebolla grande, en rebanadas
3 jitomates medianos, en rebanadas
3 cucharas soperas de aceite de oliva
½ taza de jugo de achiote
½ taza de arroz tostado, molido
6 tazas de caldo de cola de res
   sal y pimienta al gusto

En una cacerola grande llena hasta la mitad con agua a fuego medio se cuece la cola de res. Sazone con sal y pimienta. Retire del fuego.

En una sartén pequeña a fuego bajo, se tuesta el arroz moviendo lentamente hasta que se dore. En un molcajete se muele el arroz tostado hasta obtener una consistencia similar a la arena. Un método moderno de moler es a través de la licuadora.

En otra cacerola honda a fuego medio se saltea el ajo en aceite de oliva. Añada la cebolla, el jitomate, la salsa de soya, y mueva hasta que los ingredientes estén bien incorporados. Añada la carne, el jugo de achiote, la pimienta negra, el caldo de cola de res y tape. Deje cocinar hasta que la carne este bien cocida. Diluya el arroz tostado y la crema de cacahuate en media taza de agua y vacíela a lo que esta cocinando. Añada los ejotes, las calabacitas, el apio, y las acelgas. Mueva y sazone con sal y pimienta si es necesario. Tape y déjelo cocinar 5 minutos. Retire del calor y sirva en una bandeja grande.

VARIACIONES:
Se recomienda la selección de cualquier verdura con hojas tales como: col, puerros y dientes de león. Siempre se lavan las verduras para remover tierra y granitos de arena. Siga los procedimientos como se indica arriba.

HIGADO EN CALDO (Pork Liver Ginger Soup)

TIEMPO DE PREPARACIÓN: *30 minutos*
TIEMPO DE COCCION: *30 minutos*

INGREDIENTES: (para 4)
300 grs. de hígado de cerdo, en rebanadas delgadas
250 grs. de carne de cerdo, cortada en pequeños trozos
1 cucharada sopera de jengibre, en rebanadas delgadas
2 dientes de ajo, picados
3 cucharas soperas de salsa de soya Light
4 cebollines
1 cuchara sopera de perejil, picado
3 cucharas soperas de aceite vegetal
1 cuchara sopera de azafrán mexicano
½ litro de agua
   sal y pimienta al gusto

PARA MARINAR:
1 cuchara sopera de jugo de lima
2 cucharas soperas de salsa de soya
   una pizca de sal y pimienta

Se sumerge el hígado de cerdo en un recipiente con agua fría durante una hora para remover el exceso de sangre y mejorar el sabor. Se cortan los nervios y se remueve la grasa con un cuchillo o unas tijeras afiladas.

Se marina el hígado en una mezcla con jugo de lima salsa de soya y pimienta durante 30 minutos. En una sartén grande a fuego medio con aceite caliente se sofríe la carne rebanada de cerdo hasta que estén cocidas y se deja reposar.

En una cacerola a fuego medio se salte el ajo en aceite caliente. Se añade el jengibre y la cebolla, y se mueve durante 1 minuto. Añada la carne y el hígado cocido, la pimienta y la salsa de soya, y mueva 1 minuto. Vacíe ½ litro de agua. Mueva e incorpore el azafrán y el perejil. Añada sal y pimienta si es necesario. Tape y deje cocinar durante 10 minutos. Apague el fuego y añada los cebollines picados antes de servir.

VARIACIÓN:
Prepare como se indica, pero añada 2 onzas de fideo delgado. Sumerja los fideos en agua y córtelos un poco largos. Añada los fideos cuando añada el perejil y el azafrán, y añada mas agua.

PANCITA (Beef and Liver Stew)

TIEMPO DE PREPARACION: *30 minutos*
TIEMPO DE COCCION: *45 minutos*

INGREDIENTES:(para 4)
½ Kg de solomillo, rebanado en cuadros
250 grs. de hígado de cerdo, precocido y cortado en cubos
250 grs. de pechuga de pollo, cortada en cuadros
I papa grande, en rebanadas
2 zanahorias medianas, cortadas en cubos
I pimiento morrón rojo, corte juliana
3 dientes de ajo, picados
I cebolla mediana, picada
2 jitomates grandes, picados
4 cucharas soperas de aceite vegetal
3 cucharas soperas de salsa de soya
I/3 de taza de jugo de achiote
½ taza de caldo de res
   sal y pimienta al gusto

En una cacerola mediana llena hasta la mitad de agua, a fuego medio, se hierve el hígado de cerdo. Se sazona con sal y pimienta. Deje cocina durante 20 minutos. Retire del fuego y déjelo enfriar en un tazón pequeño. Rebane el hígado cocido en cubos.

En una sartén grande a fuego medio se calienta aceite y se fríen los cubos de res, pollo e hígado. Rocié una pizca de sal y pimienta mueva perfectamente hasta que la carne este a medio cocinar, aproximadamente de 10 a 12 minutos. Retire del sartén y deje reposar. En la misma sartén se saltea el ajo durante 1 minuto, se añade la cebolla, el jitomate y se mueve. Incorpore la carne cocida, la papa y las zanahorias. Añada salsa de soya, pimienta negra, jugo de achiote y caldo de res. Mueva todos los ingredientes para mezclar el jugo de achiote, la papa y la zanahoria. Tape y déjelo cocinar durante 10 minutos. Añada sal y pimienta si es necesario. Durante los 2 minutos de cocción añada el pimiento morrón. Mueva, cocine durante 3 minutos y apague el fuego. Sirva inmediatamente.

VARIACIONES:
Prepare como se indica pero substituya la carne de cerdo por la de res. Use la misma cantidad de carne de pollo y cerdo. No omita el hígado sino el platillo ya no es menudo. Siga el mismo procedimiento que se indica.

HIGADO AL RABANO (Liver and Radish)

TIEMPO DE PREPARACIÓN: *1 hora*
TIEMPO DE COCCION: *45 minutos*

INGREDIENTES: (para 4)
250 grs. de hígado de cerdo o de res
½ Kg de rábanos, rebanados finamente (aprox. 2 tazas)
1 pimiento morrón rojo, juliana
2 cucharas soperas de vinagre blanco
1 cuchara sopera de azúcar morena
2 dientes de ajo, picados
2 cucharas soperas de salsa de soya
2 cucharas soperas de aceite de oliva
   sal y pimienta al gusto

PARA MARINAR:
1 cuchara sopera de vinagre
1 cuchara sopera de jugo de limón
1 cuchara sopera de salsa de soya
1 cuchara sopera de azúcar
   pimienta negra

En un recipiente con agua fría se sumerge el hígado durante 1 hora para remover el exceso de sangre y mejorar el sabor. Retire la grasa y nervios con un cuchillo o unas tijeras.

En un tazón marine el hígado en una mezcla de jugo de limón, vinagre, salsa de soya, azúcar y pimienta durante 1 horas.

En una sartén a fuego medio sé clienta aceite y se fríe el hígado. Añada una pizca de sal y pimienta, tape y deje cocinar durante 10 minutos. Añada 1 cuchara sopera de aceite de oliva y saltee el ajo hasta que se dore. Mueva e incorpore la cebolla. Añada el vinagre, no mueva hasta que hierva. Agregue azúcar, tape y deje cocinar durante 2 minutos. Añada los rábanos y el pimiento morrón. Añada una cucharada de agua sí esta muy seco. Añada la pimienta, la sal, el vinagre o el azúcar si es necesario. Mueva la mezcla, tape y deje cocinar durante 2 minutos o hasta que todos los ingredientes estén perfectamente cocidos.

ESTOFADO DE LENGUA (Ox tongue in Sauce)

TIEMPO DE PREPARACIÓN: *I hora*
TIEMPO DE COCCION: *2 horas*

INGREDIENTES: (para 6)
I Kg de lengua de res, entera
3 cucharas soperas de aceite de oliva
3 dientes de ajo, picados
I jitomate grande, en rebanadas
3 cucharas soperas de puré de tomate
3 hojas de laurel
I cuchara sopera de azúcar morena
I cuchara sopera de albahaca seca
3 cucharas soperas de salsa de soya
2 cucharas soperas de vinagre blanco
I cuchara sopera de jerez seco
I pimiento morrón verde, en rebanadas
3 zanahorias medianas, cortadas en porciones para servir
I taza de champiñones en botón
  sal y pimienta al gusto
  jugo de limón

GUARNICION:
Naranja en rebanadas
I manojo de perejil

En una cacerola grande a fuego medio se hierve la lengua durante 10 minutos. Retire la lengua de la cacerola y sumérjala en agua fría. Pele la lengua comenzando de la punta hacia el final. Retire el cartílago de la raíz y arregle la lengua. Unte la lengua con sal, jugo de limón, pimienta, salsa de soya y déjela reposar 30 minutos.

En una sartén grande a fuego medio en aceite caliente fría la lengua durante 5 minutos por cada lado. Añada aceite de oliva y saltee ajo hasta que se dore. Añada cebolla, puré de tomate, salsa de soya, jerez, albahaca y las hojas del laurel. Añada 2 tazas de agua, incorpore los ingredientes y tape. Deje cocinar durante I ½ hora volteando la carne y moviendo la salsa. Añada los champiñones, las zanahorias, el pimiento morrón y el jitomate durante los últimos 5 minutos de tiempo de cocción. Retire la carne de la sartén y déjela enfriar. Corte la lengua en rebanadas delgadas y colóquelas en una bandeja. Vacíe la salsa encima y agregue los champiñones, el pimiento morrón y las zanahorias alrededor.

SUFLE DE LENGUA (Baked Ox Tongue with Puff Pastry)

TIEMPO DE PREPARACION: *1 hora*
TIEMPO DE COCCION: *2 horas*

INGREDIENTES: (para 8)
Pasta hojaldrada
1 Kg de lengua de res, precocida
½ de salchicha ahumada, en cuadros
1 cebolla grande, picada
1 taza de zanahorias en cubos
2 tazas de champiñones botón
¾ de taza de apio, en cubos
2 dientes de ajo, picados
3 cucharas soperas de aceite de oliva
2 tazas de caldo de res
3 cucharas soperas de maicena, diluida
1 taza de leche
3 cucharas soperas de salsa de soya
½ taza de perejil, picado
1 huevo, batido

En una cacerola a fuego medio, hierva la lengua de res durante 10 minutos, tapado. Retire la lengua y métala en un recipiente con agua fría. Pele la lengua comenzando por la punta. Remueva el cartílago de la raíz, rebane y corte en cubos.

En una sartén con aceite caliente, se sofríen los cubos de lengua hasta que se doren. Se sazona con sal y pimienta. En la misma sartén añada aceite de oliva. Saltee la cebolla y el ajo. Incorpore la salchicha ahumada previamente rebanada y añada salsa de soya. Vacié el caldo de res, tape y deje cocinar durante 12 minutos. Añada los champiñones, las zanahorias, el apio y el perejil. Deje cocinar tapado hasta que la carne y las verduras estén cocidas. Añada la maicena mezclada con leche y mueva perfectamente. Añada sal y pimienta si es necesario. Retire del fuego y deje enfriar completamente.

Coloque la mezcla fría en un refractario. Extienda la pasta hojaldrada hasta cubrir el refractario. Presione las orillas para sellar y con una brocha unte huevo batido en toda la superficie.

Meta al horno precalentado a 176° c durante 35 minutos o hasta que la superficie este bien dorada. Sirva tibio.

TERNERA A LA BARBECUE (Diced & Barbecued Veal with Ginger)

TIEMPO DE PREPARACION: *1 ½ horas*
TIEMPO DE COCCION: *1 hora*

INGREDIENTES: (para 4)
3 Kg de lomo de ternera o carnero y pechos, asados y cortados en cubos
¾ de taza de jengibre, cortado en cubos pequeños
2 tazas de cebolla, picada
1 taza de perejil, picado
½ taza de cilantro, picado
½ taza de aceite de oliva
3 cucharas soperas de salsa de soya
  sal y pimienta al gusto

PARA MARINAR:
2 tazas de vinagre blanco
1/3 de taza de salsa de soya
5 dientes de ajo, picados
1 cuchara sopera de pimienta negra

En un tazón grande mezcle el vinagre, la salsa de soya, el ajo y la pimienta. Marine la carne durante 6 horas o toda la noche en el refrigerador.

Ralle la cáscara del jengibre, rebánela finamente, córtela en tiras y luego en cubos. Lave y pique el perejil y el cilantro. Pique las cebollas finamente y déjelas reposar.

Prepare el asador. Ponga a asar la carne marinada. Ocasionalmente voltéela y báñela con el jugo para marinar durante 15 o 20 minutos o hasta que se sancoche.

En una tabla para picar, rebane la carne en tiras y en cubos. En un tazón grande mezcle la carne picada, las cebollas, el jengibre, el perejil y el cilantro. Sazone con aceite de oliva, salsa de soya y pimienta. Añada sal si así lo desea. Sirva inmediatamente.

Este platillo es delicioso si se acompaña con vino tinto.

VARIACIONES:
Prepárelo como se indica, pero sustituya por carne de cerdo. Siga los mismos procedimientos.

MARISCOS

El pescado fresco es perecedero. El pescado entre más fresco sea, mejor será el sabor del platillo. Cuando usted compre pescado en el mercado, asegúrese que este fresco. Selecciona el que tenga la carne mas firme con ojos claros, branquias rojas y brillantes, escamas apretadas o piel brillante. El pescado recién sacado del mar tiene un olor no muy penetrante. El pescado cuando no es fresco tiene los ojos sumidos y grisáceos. El color de la branquia cambia a rosa y el color de las escamas y de la piel también se desvanece. El pescado congelado se recomienda para algunos platillos. No debería de tener ningún olor. Seleccione pescado congelado con la carne color claro, libre de cristales de hielo. El cristal de hielo y la decoloración indican que el pescado ha sido descongelado y recongelado. Mantenga el pescado fresco envuelto, en la parte mas fría de su refrigerador. Nunca lo descongele y recongele, ya que perderá sus proteínas y su textura.

Halibut (Halibut Steaks in Vinegar)

TIEMPO DE PREPARACION: *10 minutos*
TIEMPO DE COCCION: *20 minutos*

INGREDIENTES: (para 4)
5 filetes de Halibut – de 4 onzas cada uno
3 cucharadas soperas de aceite de oliva
2 dientes de ajo, picados
1 cuchara sopera de jugo de limón
½ taza de vinagre balsámico
1 cuchara sopera de salsa de soya Light
1 cuchara sopera de jengibre, cortada en tiras
1 cebolla mediana, en rebanadas
1 cuchara sopera de perejil, picado
1 chile piquin
  sal y pimienta al gusto

GUARNICION:
½ taza de aceitunas, rebanadas

En un tazón mediano, se mezcla el vinagre, la sal, la pimienta y el jugo de limón. Se marinan los filetes durante 20 minutos. Recuerde, no más de 20 minutos.

En una sartén grande a fuego medio, se saltea el ajo en aceite de oliva durante 1 minuto. Añada la cebolla, el jengibre, la pimienta negra y la salsa de soya, y mueva. Vacié el vinagre. No mueva hasta que hierva. Añada los filetes. Añada el jugo para marinar el chile y el perejil picado. Ajuste la sazón al gusto, tape y deje cocinar durante 10 minutos.

CALAMARES SALTEADOS (Calamari Sautéed)

TIEMPO DE PREPARACIÓN: *20 minutos*
TIEMPO DE COCCION: *20 minutos*

INGREDIENTES: (para 4)
1 Kg de calamares medianos
3 cucharas soperas de vinagre blanco
2 dientes de ajo, picados
4 cucharas soperas de aceite de oliva
1 cebolla chica, picada
1 cuchara sopera de jengibre, finamente picada
2 cucharas soperas de salsa de soya Light
2 chiles güeros, completos
2 cucharas soperas de vino blanco
2 cuchara soperas de perejil, picado
   sal y pimienta al gusto

PARA MARINAR:
1 cuchara sopera de jugo de limón
1 cuchara sopera de vinagre
1 cuchara sopera de azúcar morena
1 cuchara sopera de salsa de soya

Limpie los calamares a chorro de agua. Retire la cabeza y las vísceras incluyendo la bolsa de tinta. Córtelo en 2 pedazos de 5 cm. de largo aproximadamente. En un tazón grande se mezclan el jugo de limón, la salsa de soya, el vinagre y el azúcar, y se marinan los calamares durante 25 minutos a temperatura ambiente.

En una sartén mediana a fuego medio, se saltea el ajo en aceite de oliva. Se añade el jengibre tan pronto como el ajo se dore. Mueva unos minutos e incorpore la cebolla picada. Añada el vinagre y no mueva hasta que hierva. Añada 2 cucharas soperas de agua y deje hervir. Retírelo del fuego y escurra la mezcla en un tazón. Deseche los residuos y deje reposar.

Retire los calamares del jugo para marinar y escúrrales el exceso de liquido. En la misma sartén a fuego medio con aceite caliente se sofríen los calamares. Escurra los calamares durante 1 minuto y vacíeles la salsa salteada. Añada la salsa de soya, el vinagre blanco, los chiles güeros, sal y pimienta al gusto. Escurra durante unos segundos. Añada sal y pimienta al gusto, deje cocinar durante 2 minutos y retire del fuego. Espolvoree el perejil picado antes de servir.

ESCABECHE (Fish Sweet and Sour)

TIEMPO DE PREPARACION: *20 minutos*
TIEMPO DE COCCION: *45 minutos*

INGREDIENTES: (para 4)
1 ½ de robalo, cortado en tiras de 2 pulgadas
2 dientes de ajo, picados
2 cebollas medianas, (para guarnición)
4 cucharadas soperas de jengibre, en tiras
½ taza de vinagre de vino de arroz
2 cucharadas soperas de salsa de soya Light
2 cucharadas soperas de maicena
½ taza de agua
2 cucharas soperas de azúcar
½ taza de catsup
½ cucharada sopera de polvo de achiote (ver pagina 156)
1 cuchara sopera de jugo de limón para marinar
½ taza de harina
  aceite vegetal para freír y cocinar
  sal y pimienta al gusto

GUARNICION:
1 lata de 8 onzas de piña en almíbar
1 pimiento morrón rojo, en rebanadas
1 zanahoria mediana, corte transversal

En un tazón se marina el pescado con el jugo del limón, la sal, la pimienta y una cuchara sopera de catsup durante 15 minutos. Retire del jugo para marinar y capee en harina. En una sartén con teflón a fuego medio alto, sofría el pescado en aceite vegetal hasta que este bien dorado. Deje reposar en una bandeja.

En la misma sartén con 4 cucharas soperas a fuego medio, se saltea el ajo, el jengibre y la cebolla durante 1 minuto y se agrega el vinagre. Deje cocinar durante 2 minutos. En un tazón mezcle ½ taza de agua con maicena, la catsup, la pimienta negra, la salsa de soya, el azúcar y el jugo de achiote, y mueva perfectamente. Vacié la mezcla en el sartén que sé esta cocinando y mueva hasta que la salsa espese. Vacié la salsa al pescado frito y prepare la guarnición.

En la misma sartén con aceite vegetal, se saltea las zanahorias, el pimiento morrón y los aros de cebolla. Añada una pizca de sal y pimienta y mueva 1 minuto. Use esta mezcla y la piña en almíbar para decorar el pescado frito con la salsa en la bandeja.

Cangrejo Relleno

Escabeche

ENSALADA DE CANGREJO (Crab Meat & Zucchini Salad)

TIEMPO DE PREPARACIÓN: *30 minutos*
TIEMPO DE COCCION: *15 minutos*

INGREDIENTES: (para 4)
2 tazas de pulpa de cangrejo, de lata o congelado
¾ de taza de leche de coco
3 calabacines grandes, pelados
1 taza de cebolla, picado grueso
2 cucharas soperas de crema ácida
3 cucharas soperas de jerez
1 cuchara sopera de salsa de soya
1 cuchara sopera de cáscara de limón rallada
1 cuchara sopera de perejil, picado
1 manzana de camuela, pelada y juliana
2 cucharas soperas de aceite de oliva
   sal y pimienta al gusto

Se cortan los calabacines a lo largo y se les quita la semilla. Con un pelador, se pelan y se sazonan con sal en una cacerola con agua. Se dejan hervir 1 minutos, retírelos del calor, escúrrales el agua y se zambullen en agua helada durante 3 minutos. Déjelos reposar.

En un tazón se mezcla la leche de coco, la cebolla picada, la salsa de soya, el aceite de oliva, la crema ácida, sal y pimienta al gusto. Se mueve la mezcla hasta que se incorporen los ingredientes y se obtiene una crema. Se agrega la manzana y se incorpora a la mezcla.

Añada la pulpa de cangrejo sazonada con jerez a los calabacines e incorpórelos. Incorpore la pulpa de cangrejo a la mezcla de calabacines y a la crema. Roció la ensalada con perejil y la cáscara de limón. Tape y refrigere durante 2 horas antes de servir.

VARIACIONES:
Prepare como se indica, pero substituya la carne de cangrejo por camarones gigantes. Hierva los camarones en agua con sal durante 5 minutos. Retire la cutícula y rebánelos finamente. Siga los mismos procedimientos.

MAHI – MAHI FRITO (Fried Mahi – Mahi)

TIEMPO DE PREPARACION: *30 minutos*
TIEMPO DE COCCION: *25 minutos*

INGREDIENTES: (para 2)
1 Kg de filete de mahi-mahi, cortado en rebanadas de 4 cm.
1 cuchara sopera de jugo de limón
1 cuchara sopera de salsa de soya
 maicena para capear
 aceite vegetal para freír
 sal y pimienta al gusto

PARA CAPEAR:
2 huevos batidos
1 cuchara sopera de salsa de soya
1 cuchara sopera de maicena
1 diente de ajo, picado
1 cuchara sopera de catsup
2 cucharas soperas de ajonjolí

GUARNICION:
1 mango maduro, cortado en cubos
1 cuchara sopera de cilantro, picado
2 cucharas soperas de aceite de oliva
2 tazas de daikon
1 cuchara sopera de vinagre
 sal y pimienta al gusto

En un tazón, se mezcla el jugo de limón, la salsa de soya y la pimienta negra, y se marinan los filetes durante 20 minutos. Después de marinarlos se capean ligeramente en la maicena. En otro tazón, se mezcla la salsa de soya, ajo, catsup y el jengibre. Incorpore todos los ingredientes. En otro tazón se baten los huevos a punto de turrón. Se sumergen los filetes en el primer tazón y luego en el turrón.

En una sartén mediana con ¼ de aceite vegetal, a fuego medio, se fríen los filetes. Cocine los filetes previamente capeados, volteándolos una vez de 2 a 3 minutos hasta que se doren por ambos lados. Escúrralos en papel absorbente y colóquelos en una bandeja. Espolvoree el ajonjolí.

Con un pelador, se pela el daikon entero y se extiende alrededor de los filetes fritos. Añada el mango picado, el cilantro, el vinagre, la sal y la pimienta, y sé rociá con aceite de oliva.

MARISCOS A LA BARBECUE (Barbecue)

TIEMPO DE PREPARACIÓN: *30 minutos*
TIEMPO DE COCCION: *30 minutos*

INGREDIENTES: (para 4)
1 Kg de veneras
12 camarones gigantes, pelados
750 grs. de hinojo
20 setas de paja
1 pimiento morrón verde
1 cebolla grande partida en 4
aceite de oliva para bañar a los camarones

PARA MARINAR:
1 taza de vinagre blanco
3 cucharas soperas de salsa de soya
2 dientes de ajo, picados
½ cuchara sopera de azúcar
sal y pimienta al gusto

Se lavan los camarones a chorro de agua. Retire la cutícula y se desvena dejando la cola. Se lavan las veneras; se retira cualquier partícula que haya quedado de la concha. Si se usan veneras grandes, se cortan en 2 o 3 piezas. Retire la pulpa amarilla de las veneras y corte las secciones blancas por mitad si están muy gruesas.

En un tazón mezcle la salsa de soya, el ajo, la pimienta y el azúcar. Se incorporan los ingredientes. Se sumergen las pulpas de las veneras y los camarones pelados durante 30 minutos.

Retire los tallos altos y rebane el inferior de un hinojo. Divídalo en cuatro y córtelo en rebanadas de 2.5 cm.

Ensarte en forma de brochetas alternando las setas, las veneras, la cebolla y el pimiento morrón. Y póngalas en el asador.

Mientras se asan bañe los camarones, las veneras con aceite de oliva. Bañándolas de vez en cuando con el jugo para marinar y el aceite de oliva enriquecerá el sabor de las verduras y los mariscos asados. Cocínelos hasta lograr el termino deseado y sírvalos inmediatamente.

ENSALADA DE CALAMARES (Calamari Salad)

TIEMPO DE PREPARACIÓN: *30 minutos*
TIEMPO DE COCCION: *15 minutos*

INGREDIENTES: (para 4)
750 grs. de calamares frescos
5 rábanos rojos, finamente rebanados
1 pimiento morrón amarillo, corte juliana
1 cebolla morada, finamente rebanada
1 cuchara sopera de perejil, picado
3 cucharas soperas de aceite de oliva
2 dientes de ajo, sancochado en aceite de oliva
2 cucharas soperas de jugo de lima
2 cucharas soperas de salsa de soya Light
1 cuchara sopera de vinagre
1 cuchara sopera de catsup
   sal y pimienta al gusto

Se lavan los calamares a chorro de agua. Se les retira la cabeza y los sacos de tinta. Se limpian las cavidades también. Córtelos en piezas de 2 cm. y colóquelos en un tazón. Mezcle jugo de limón, vinagre, salsa de soya y catsup para marinar los calamares 30 minutos.

En una sartén mediana caliente hasta hervir 3.5 cm. de agua. Cocine los calamares marinados no más de 2 minutos. Retírelos de la sartén y colóquelos en un tazón. Escúrrales él liquido. Añada aceite de oliva, el ajo sancochado, una pizca de sal y pimienta, y mueva.

Lave los rábanos a chorro de agua. Córteles la parte superior y la inferior, rebánelos finamente y colóquelos en otro tazón, el pimiento morrón se corta en juliana, se rebanan las cebollas y se incorporan los tres. Agregue 1 cuchara sopera de jugo de lima, 1 cuchara sopera de salsa de soya, 2 cucharas soperas de aceite de oliva, perejil, sal y pimienta al gusto. Incorpore los calamares. Y sírvalos a temperatura ambiente.

CREMA DE ALMEJA (Fish and Clam Chowder)

TIEMPO DE PREPARACIÓN: *45 minutos*
TIEMPO DE COCCION: *30 minutos*

INGREDIENTES: (para 6)
250 grs. de lenguado
1 ½ de almejas frescas o mejillones
1 cebolla grande, picada
1 lata de 8 onzas de castañas en agua, rebanadas
1 taza de zanahorias en cubos
2 tazas de papas en cubos
2 tazas de apio en cubos
1 cuchara sopera de tomillo
½ taza de maicena
2 litros de agua
3 cucharas soperas de salsa de soya
3 cucharas soperas de aceite de oliva
1 taza de leche
2 huevos, batidos
½ cuchara sopera de pimienta cayena
½ taza de perejil, picado
   sal al gusto

Se lavan las almejas y se cuecen al vapor con dos tazas de agua hirviendo hasta que abran. Retire las conchas y pique el resto. Guarde el jugo y déjelo reposar.

Coloque los filetes en una sartén a fuego bajo, sazónelos con sal y pimienta. Cocínelos en su jugo durante 30 minutos. Retírelos del fuego y déjelos reposar. Lave y pele las zanahorias y papas. Pique en cubos el apio, las papas y las zanahorias. Déjelas reposar.

En una cacerola grande a fuego medio se saltea el ajo en aceite caliente y se le incorpora la cebolla y se cocina durante 2 minutos. Añada las almejas picadas, la salsa de soya, la pimienta cayena, el tomillo y mueva. Añada el caldo de pescado y el jugo de almejas, cocine durante 2 minutos. Añada agua, las papas, las zanahorias y las castañas. Mueva y tape la cacerola, cocine durante 10 minutos. Añada el apio y el perejil, mueva e incorpore la leche y la maicena diluida en ½ taza de agua. Mueva bien hasta que la maicena se cocine. En un tazón pequeño bata los huevos y viértalos a la mezcla que sé esta cocinando, moviendo perfectamente. Añada sal y pimienta si es necesario, apague la flama tan pronto como hierva. Retire del fuego. Sirva caliente.

PEZ GATO A LA TURMERO (Catfish Turmeric Sauce)

TIEMPO DE PREPARACIÓN: *15 minutos*
TIEMPO DE COCCION: *30 minutos*

INGREDIENTES: (para 4)
6 filetes de pescado, de 250 grs. cada uno
una pizca de sal y pimienta
1 cuchara sopera de polvo de turmera
1 ½ taza de leche de coco
3 cucharas soperas de aceite de oliva
1 cuchara sopera de jengibre, en rebanadas
1 diente de ajo, picado
1 cebolla mediana, picada
3 cucharas soperas de aceite vegetal
3 cucharas soperas de salsa de soya (1 cuchara sopera para marinar)
½ cuchara sopera de jugo de limón
1 cucharas sopera de azúcar morena

GUARNICION:
1 taza de habas, hervidas
   hojas de eneldo fresco

En un tazón, se mezclan el jugo de limón, el azúcar, la pimienta negra y una cuchara sopera de salsa de soya y se marinan los filetes durante 25 minutos.

En una sartén a fuego medio con aceite de oliva caliente, se saltean el ajo y el jengibre durante 2 minutos. Añada la cebolla picada y mueva hasta que se sancoche. Diluya 3 cucharas soperas de polvo de turnera en 2 cucharas soperas de agua y mézclelas con los ingredientes que se están cocinando en la sartén. Mueva lentamente, añada la salsa de soya y una pizca de pimienta, e incorpore gradualmente la leche de coco. Cocine a fuego lento y mueva lentamente mientras se incorporan los ingredientes hasta que hierva. Continué moviendo durante 15 minutos hasta obtener una consistencia cremosa.

Prepare los filetes para freírlos, escurra el exceso de jugo para marinar. En una sartén con teflón a fuego medio con aceite vegetal caliente, fría el filete durante 1 minuto por cada lado. Vacié la salsa de coco con turnera sobre los filetes y mueva lentamente. Sazone con una pizca de sal y pimienta. Cocine durante 3 minutos y retírelos del fuego.

VARIACIONES:
Utilice pescado monje, pámpano o bass. Siga los mismo procedimientos.

PESCADO ENTOMATADO (Fish with Tomato and Egg Sauce)

TIEMPO DE PREPARACIÓN: *20 minutos*
TIEMPO DE COCCION: *30 minutos*

INGREDIENTES: (para 2)
2 truchas medianas
2 cucharas soperas de aceite de oliva
¼ de taza de harina para capear
1 taza de aceite vegetal para freír
   sal y pimienta al gusto

SALSA:
1 diente de ajo, picado
1 cebolla mediana, picada
2 jitomates grandes, picados
2 cucharas soperas de salsa Light
2 huevos batidos
   una pizca de sal y pimienta al gusto

PARA MARINAR:
1 cuchara sopera de jugo de limón
2 cucharas soperas de salsa de soya
   una pizca de sal y pimienta al gusto

GUARNICION:
Limones en rebanadas
Cebolla cambray fresca, finamente picadas

En una bandeja onda se mezcla el jugo de limón, la salsa de soya y la pimienta negra y se marina el pescado durante 20 minutos. Se retira del jugo para marinar y se escurre. Se capean los filetes con harina. En una sartén a fuego medio con aceite de oliva, se fríen los filetes hasta que se doren. Retírelos del fuego y colóquelos en una bandeja. En la misma sartén en aceite de oliva a fuego medio, se saltea el ajo, la cebolla y el jitomate durante 2 minutos. En un tazón mediano se baten los huevos y se mezclan con 2 cucharas soperas de agua, la salsa de soya y la pimienta. Se combina la mezcla en la sartén mientras se mueve para una mejor consistencia de la salsa. Se cocina durante 3 minutos. Sazone a su gusto. Añada la salsa a los filetes en la bandeja. Sírvalos de inmediato.

VARIACIONES:
Prepare como se indica pero utilice 1 Kg 250 grs. de robalo o bass. Rebane los filetes en porciones para servir. Siga los mismos procedimientos.

CANGREJO RELLENO (Stuffed Crabs)

TIEMPO DE PREPARACIÓN: *1 hora*
TIEMPO DE COCCION: *30 minutos*

INGREDIENTES: (para 2)
2 cangrejos azules de 500 grs. cada uno
1 papa mediana en cubos
1 jitomate mediano, picado
1 cebolla chica, picada
2 huevos, batidos
2 cucharas soperas de aceite de oliva
2 cucharas soperas de salsa de soya Light
1 diente de ajo, picado
1 cuchara sopera de perejil, picado
2 cucharas soperas de maicena
sal y pimienta al gusto
4 hojas ti (envoltura hawaiana) para cocinar los cangrejos

Se lavan los cangrejos y se ponen en una cacerola mediana con bastante agua fría con sal, jugo de limón y pimienta. Se tapa y se deja hervir el agua a fuego lento. El tiempo de preparación no debe de exceder de 12 a 15 minutos. Déjelos enfriar en un platón durante 20 minutos. Vacíe la pulpa en un tazón y utilice un cuchillo de punta filosa para retirar toda la carne de las cavidades. Guarde las cavidades vaciás.

En una sartén mediana con aceite de oliva caliente a fuego medio se saltea el ajo, la cebolla, el jitomate y la salsa de soya, con una pizca de sal y pimienta. Añada la papa, mueva y cocine durante 4 minutos o hasta que la papa se cueza. Añada la pulpa de cangrejo y mueva durante 1 minuto. Retírelo del fuego. En un tazón pequeño con una cuchara sopera de agua diluya la maicena y añada los huevos batidos. Mezcle hasta incorporar todos los ingredientes. Rellene las cavidades de cangrejo con esta mezcla.

Lave las hojas ti a chorro de agua a temperatura ambiente. Seque las hojas y córtelas en dos. Coloque las hojas una sobre otra en forma de cruz. Coloque el cangrejo en el centro y envuélvalo perfectamente con las hojas. Ate el cangrejo envuelto con hilo de cáñamo.

En una sartén de 12 pulgadas a fuego medio de tapa con válvula de escape lleno hasta la mitad con agua, coloque los cangrejos envueltos y cocínelos de 20 a 25 minutos.

PESCADO A LA CREMA (Fish in Sour Cream)

TIEMPO DE PREPARACIÓN: *25 minutos*
TIEMPO DE COCCION: *30 minutos*

INGREDIENTES: (para 4)
4 filetes de bass o tilapia, de 250 grs. cada uno
3 cucharas soperas de jugo de limón
1 cebolla mediana, picada
1 jitomate mediano, picado
½ taza de crema ácida
2 cucharas soperas de aceite de oliva
2 cucharas soperas de aceite vegetal (para saltear)
2 cucharas soperas de jengibre, finamente picado
1 ½ taza de agua
1 taza de rábanos, en cubos
    sal y pimienta al gusto

GUARNICION:
berros
jitomate cherry
chile güero

En un tazón con una cuchara sopera de jugo de limón, de salsa de soya y pimienta negra, marine los filetes durante 20 minutos.

En una sartén grande a fuego medio, se saltea la cebolla con aceite caliente hasta que se sancoche. Añada el jengibre y cocine 1 minutos. Mueva incorporando los jitomates picados, la salsa de soya y la pimienta negra y deje cocinar durante 2 minutos. Añada una taza de agua y 2 cucharas soperas de jugo de limón, y mueva hasta que se incorporen los ingredientes. Deje cocinar otros 2 minutos e incorpore la crema ácida, mueva lentamente hasta obtener una consistencia cremosa. Retire del fuego y pase el jugo a un tazón. Deje reposar.

En la misma sartén a fuego medio con aceite de oliva caliente, se fríen los filetes durante 1 minuto (con la piel hacia abajo). Añada los rábanos en cubo. Con un cernidor vacíe la mezcla de crema ácida sobre los filetes, colando la salsa cremosa. Deseche los residuos. Añada sal, pimienta y limón si es necesario. Tape y deje hervir. Retire del fuego y coloque todo en una bandeja. Arregle los 4 filetes uno al lado del otro y cúbralos con la salsa. Espolvoree el rábano en cubos alrededor y añada los tomates cherry cortados en cubo sin las semillas.

CAMARONES AL CURRI (Coconut/Curried Shrimp)

TIEMPO DE PREPARACION: *20 minutos*
TIEMPO DE COCCION: *20 minutos*

INGREDIENTES: (para 4)
1 ½ Kg de camarones gigantes
1 taza de leche de coco
2 dientes de ajo, picados
1 cuchara sopera de jengibre, finamente rebanado
1 cebolla mediana
2 cucharas soperas de aceite de oliva
1 cuchara sopera de polvo de curry
2 cucharas soperas salsa de soya
½ cuchara sopera de pimienta negra
1 chile pequeño (opcional)
1 cuchara sopera de jugo de limón
1 cuchara sopera de azúcar
  sal y pimienta al gusto

Pele los camarones, dejando la cola para dar una mejor presentación al platillo. Con la punta del cuchillo, haga un corte a lo largo de los camarones en la curva interna, deteniéndose en la cola, para desvenarlos. Abra cada uno de los camarones, enjuáguelos bajo el chorro de agua fría. Con un cuchillo afilado corte a lo largo en la curva externa para hace el efecto mariposa al cocinarlos.

En un tazón mezcle jugo de limón, salsa de soya, pimienta y azúcar, y marine los camarones durante 20 minutos.

En una sartén de 20 pulgadas a fuego medio, en aceite de oliva calienta se saltea el ajo y el jengibre durante 1 minuto. Añada la cebolla, la pimienta negra, la salsa de soya y la sal al gusto y deje cocinar 1 minuto. Añada el polvo de curri. Mueva la mezcla hasta que el polvo de curri se incorpore. Vacíe la leche de coco y mueva lentamente hasta que hierva, y deje cocinar durante 10 minutos más. Deseche el jugo para marinar e incorpore los camarones a la leche de coco. Añada un toque de chile y cocine de 5 a 6 minutos. Sírvalos inmediatamente.

VARIACIÓN:
Prepare como se indica pero deje las cutículas a los camarones y marine durante 30 minutos.

SALMON AL ACHIOTE (Salmon in Annatto)

TIEMPO DE PREPARACION: *5 minutos*
TIEMPO DE COCCION: 25 minutos

INGREDIENTES: (para 4)
1 Kg de filete de salmón, cortado en trozos
3 cucharas de achiote
1 cebolla mediana, picada
3 cucharas soperas de salsa de soya Light
4 cucharas sopera de aceite de oliva
1 cuchara sopera de leche
   sal y pimienta al gusto

En una sartén con teflón a fuego bajo, se fríe el salmón con aceite de oliva
1 minuto por cada lado. Añada una pizca de sal y pimienta. Retire del fuego
y deje reposar. En una cacerola pequeña, cocine y sancoche cebolla en
2 cucharas soperas de aceite de oliva. Añada la salsa de soya, la pizca de
pimienta el jugo de achiote, mueva y deje hervir. Añada 1 cuchara sopera
de leche y deje cocinar 2 minutos. Vacíe la salsa sobre los filetes de salmón.
Voltee los filetes lentamente mientras sé están cocinando, Tape y deje
cocinar durante 2 minutos.

SALMON A LA CEBOLLA

TIEMPO DE PREPARACIÓN: *20 minutos*
TIEMPO DE COCCION: *15 minutos*

INGREDIENTES: (para 4)
1 Kg de salmón en filete, cortado en trozos
1 cebolla grande, rebanada
5 cucharas soperas de aceite de oliva, la mitad para freír y la mitad para cocinar
3 cucharas soperas de salsa de soya Light
1 cuchara sopera de jugo de limón
½ cuchara sopera de azúcar morena
   pizca de sal y pimienta

En un tazón se marinan los filetes con jugo de limón, 1 cuchara sopera de
salsa de soya, azúcar y pimienta durante 20 minutos. En una sartén a fuego
medio sancoche la cebolla con aceite de oliva. Añada la salsa de soya una
pizca de pimienta y mueva. Añada aceite de oliva y fría los filetes con la
cebolla 1 minuto por cada lado. Añada sal y pimienta al gusto.

HALIBUT Y MEJILLONES AGRIDULCES (Halibut & Scallops Sour Soup)

TIEMPO DE PREPARACION: *15 minutos*
TIEMPO DE COCCION: *20 minutos*

INGREDIENTES: (para 4)
1 Kg de filete halibut, en trozos
½ Kg de veneras
1 cebolla mediana, partida en cuatro
1 jitomate grande, en cubos
1 litro de agua
1/3 de taza jugo de limón
3 chiles güeros, enteros
2 tallos de apio
2 zanahorias, en trozos
10 hojas de acelgas, partidas por mitad
1 cucharita sopera de pimienta en grano
3 cucharas soperas de aceite de oliva
3 cucharas soperas de salsa soya Light

GUARNICION:
Cilantro fresco picado

En una cacerola grande, a fuego medio, se sancocha la cebolla en aceite de oliva. Mueva e incorpore el jitomate en jugo, la salsa de soya y el jugo de limón. Añada agua, mueva e incorpore la cebolla y deje hervir. Añada el halibut, la pimienta y el perejil. Tape y deje cocinar durante 3 minutos. Añada las veneras, los chiles y las acelgas. Añada sal pimienta jugo de limón o agua si es necesario. Tape y deje cocinar 5 minutos. Retire del fuego y sírvalos en una bandeja.

VARIACIÓN:
Prepare como se indica, substituyendo el pescado por solomillo. Saltee la cebolla, el jitomate y el jugo de limón. Añada el solomillo. Cocine a fuego lento hasta que la carne sé cueza. Utilice 3 o 4 de las verduras recomendadas.

TRUCHA RELLENA (Stuffed Rainbow Trout)

TIEMPO DE PREPARACION: *45 minutos*
TIEMPO DE COCCION: *20 minutos*

INGREDIENTES: (para 2)
2 truchas, de 750 grs. cada una
6 cebollas cambray, picadas aproximadamente ½ taza
I jitomate grande, picado
I diente de ajo, picado
2 cucharadas soperas de salsa de soya Light
2 cucharadas soperas de aceite de oliva
I cucharita de jugo de lima, para marinar
   sal y pimienta al gusto
2 hojas de ti para envolver

Se limpia la trucha y se pone en una tabla para cortar. Con un cuchillo filoso corte la trucha a lo largo hasta la altura de la panza. Ábrala y retírele el esqueleto. En un tazón no muy hondo marine las truchas en una mezcla de jugo de lima, salsa de soya y pimienta, durante 25 minutos.

En una sartén pequeña a fuego lento se saltea el ajo, la cebolla cambray y el jitomate en aceite de oliva. Sazone con una pizca de sal y pimienta al gusto. Mueva y cocine por 2 minutos. Coloque las truchas marinadas y rellénelas con la mezcla salteada uniformemente. Una las dos orillas de la trucha. Con una aguja e hilo cosa la trucha a su forma original.

Lave las hojas ti a chorro de agua a temperatura ambiente. Séquelas, remueva la membrana dura de las hojas y coloque la trucha rellena en el centro. Envuélvala con las puntas de las hojas completamente. Amarre las truchas envueltas con un hilo de cáñamo.

Prepare en una vaporera con agua hasta la mitad a fuego alto. Coloque las truchas envueltas sobre la rejilla, tape y cocine durante 20 minutos.

VARIACIONES:
Rellene las truchas como se indica. En lugar de cocinar al vapor fríalas en aceite vegetal cocínelas a fuego lento de 10 a 12 minutos o hasta que se doren.

PESCADO A LA MARINERA (Marinated Fresh Fish)

TIEMPO DE PREPARACIÓN: *1 hora*

INGREDIENTES: (para 4)
1 Kg de filete bass o atún
½ taza de crema ácida
1 cuchara sopera de azúcar
1 cuchara sopera de jugo de lima
1 cebolla chica, picada
1 manzana, puré
½ taza de hierba de limón, finamente picada
   sal y pimienta al gusto

PARA MARINAR:
3 cucharas soperas de jugo de lima
3 cucharas soperas de salsa de soya
1 cucharita de salsa de soya
1 cucharita de vinagre
1 cucharita de azúcar
   pimienta negra

Se rebanan los filetes en cuadros de 1 pulgada. En un tazón se combina el jugo de limón, la salsa de soya, el vinagre, el azúcar y la pimienta. Se marinan los filetes durante 5 horas o toda la noche en el refrigerador.

Pele la manzana y hágala puré en un procesador para alimentos. Pique la cebolla finamente y mézclelas con la crema ácida, azúcar, jugo de lima y el puré de manzana.

Corte la hierba de limón, retire la parte dura y utilice solamente la sección blanda. Píquelo finamente y déjelo reposar.

Retire los filetes del jugo para marinar. En un tazón mezcle los filetes, la crema ácida, el azúcar el jugo de lima, la hierba de limón y el puré de manzana. Añada la pimienta negra, el jugo de lima o azúcar dependiendo de su gusto de acidez. Refrigere 2 horas antes de servirlos. Sírvalo a temperatura ambiente.

VARIACIONES:
Prepare como se indica, pero omita la crema ácida. Añada una cuchara sopera de vinagre en lugar de la crema ácida.

TODO ACERCA DEL ARROZ

El arroz es un alimento básico de los países del sureste de Asia. Setenta y cinco por ciento de los platillos que se sirven llevan arroz. Hoy en día, cada vez mas norteamericanos disfrutan del arroz en sus comidas diarias. Han comenzado apreciar e incluir el arroz en su dieta. Platillos exóticos y de especialidades de arroz están disponibles en todos los supermercados y tiendas delikatessen. Varios tipos de arroz son disponibles, incluyendo el de España, Turquía, Tailandia, México y la India.

A finales de los años 50 el Instituto Internacional de Investigación del Arroz, en los Banos, Laguna, Filipinas, ha desarrollado una nueva clase de arroz llamada " Arroz Milagro". Este tipo de arroz como IR-8, fue remplazado por el IR-12, IR-22, IR-42, IR-72 y el arroz preparado a base genética conocido como Arroz Dorado. El cultivo se cosecha dentro de los siguientes 95 días. Otras variedades de arroz pueden dar cosechas una o dos veces al año. La nueva variedad de arroz ha ayudado con la demanda alimenticia de la población creciente de algunos países. Filipinas tiene arroz blanco, largo, integral, dulce y morado. La variedad de arroz que se cultivan en la montaña son las mejores, en apariencia, consistencia, aroma, sabor y contenido nutricional especialmente. Pero no se venden en cantidades comerciales, por que su cultivo depende de la precipitación fluvial y la temporada de lluvias es una vez al año.

El arroz se clasifica por su textura y consistencia, algunos tipos son pegajosos, acerados o glutinosos debido a la proporción de almidón en el grano. El arroz es blanco si el salvado ha sido removido de los granos por su proceso en los molinos. El arroz integral que no ha sido procesado en molino ofrece más nutrientes que el blanco.

Los productores de arroz y los aficionados están tomando nota de lo anterior y están utilizando muchas variedades de arroz imaginativamente. No únicamente los restaurantes Asiáticos incluyen el arroz en sus menús. Algunos países Europeos incluida Turquía lo usan en sus menús. El arroz, alguna vez considerado como un platillo o guarnición básico, esta asumiendo una nueva identidad. Gracias algunos chefs celebres. Algunos Chefs de renombre internacional añaden recetas de arroz en sus programas de televisión.

La receta de arroz utilizada en este libro de cocina es para las entradas y el postres. El tiempo de preparación de los postres varia de entre 1 a 8 hora en tiempo de cocción. Se incluyen recetas para sopa, consomé, el arroz frito y el exótico arroz a la valenciana. Para la receta de postres esta el simple champurrado y el pastel de arroz. Para los aventureros, pretzel al caramelo, tamal de yuca y el arroz con leche son altamente recomendados. Esto le da una idea y acceso a varios tipos de la tradición Filipina.

TIPS PARA COCINAR ARROZ

Es muy importante medir el arroz por él numero de tazas que se van a cocinar. Usar 2 tazas de agua por cada taza de arroz y lavarlo antes de cocinarlo. Algunos estilos de cocina utilizan el caldo de pollo. Para mejorar el sabor del arroz se añade sal y pimienta al gusto. En una cacerola grande tapada se deja hervir el arroz, se baja la flama. Se cocina durante 15 minutos hasta que el agua se evapore, y se retira del fuego sin destapar en ningún momento la cacerola, si no hasta el momento que se va a servir.

Otro método para mejorar el sabor del arroz es sofriéndolo o tostándolo en aceite antes de cocinarlo. En una sartén con aceite a fuego medio se tuesta el arroz hasta que se dore. El aceite vegetal ayuda a sellar el contenido de almidón del arroz al freírlo. Añada el liquido lentamente a fin de que el almidón se libere gradualmente para crear una consistencia cremosa. La receta como la paella, el arroz a la valenciana, consomé de pollo con arroz, el arroz frito y algunos postres requieren que el arroz se tueste antes de cocinarlo.

ARROZ CON CARNE (Brown Rice and Ground Meat)

TIEMPO DE PREPARACION: *10 minutos*
TIEMPO DE COCCION: *30 minutos*

INGREDIENTES: (para 4)
2 tazas de arroz integral
1 diente de ajo, picado
4 tazas de agua o caldo de pollo
1 cebolla chica, picada
500 grs. de carne de cerdo molida
2 cucharas soperas de aceite vegetal
   sal y pimienta al gusto

En una sartén grande con una cuchara sopera de aceite vegetal. Se cocina la carne molida se añade una pizca de sal y se mueve hasta que se dora. Se retira del fuego y se deja reposar.

En la misma sartén con aceite vegetal se sofríe el arroz a fuego medio alto. Mueva constante y uniformemente hasta que cambie de color aproximadamente 12 minutos. Añada la carne molida, la pimienta negra y una pizca de sal. Añada el ajo picado y cocine durante 30 segundos. Añada la cebolla picada y una taza de agua y mueva. Añada salsa de soya, una pizca de pimienta y las 3 tazas de agua restantes. Mueva a fondo. Tape la sartén y deje hervir. Baje el fuego cuando comience a hervir y cocine de 12 a 15 minutos o hasta que el agua se evapore. Retírelo del fuego y déjelo reposar durante 10 minutos antes de servir.

ARROZ A LA VALENCIANA

TIEMPO DE PREPARACIÓN: *30 minutos*
TIEMPO DE COCCION: *45 minutos*

INGREDIENTES: (para 6)
2 tazas de arroz de grano largo
2 tazas de arroz dulce
8 tazas de caldo de pollo o agua
1 Kg de pechugas de pollo cortadas en 8 porciones
4 dientes de ajo, finamente picados
½ taza de aceite vegetal (para freír la carne)
3 cucharas soperas de aceite de oliva
1 cuchara sopera de polvo de achiote
2 papas medianas, partidas en cuatro
1 jitomate mediano, picado
3 hojas de laurel
2 cucharas soperas de salsa de soya Light
½ taza de aceitunas con pimientos, partidas por mitad
1 pimiento morrón rojo, en tiras
3 cucharitas de sal
½ cucharita de pimienta negra

GUARNICION:
Cebollitas cambray, picadas

Se tuesta el arroz en aceite vegetal en una cacerola grande a fuego medio alto.
Se mueve uniforme y constantemente hasta que cambie el color. Mientras
se cortan las pechugas. Se untan con sal y pimienta. En una sartén de 12
pulgadas se calienta aceite a fuego medio alto, se fríe el pollo hasta que se
ablande pero no se dore. Retírelo del fuego y déjelo reposar.

En la misma sartén se salte el ajo durante 1 minuto. Se añade la cebolla y el
jitomate picado. Se añade el arroz tostado, la sal, la pimienta negra, la salsa
de soya, las hojas de laurel y una taza de agua o caldo de pollo y se mueve.
Se diluye el achiote en 3 cucharas soperas de agua y se agregan a la mezcla.
Mueva hasta que la mezcla cambie de color. Añada las papas, el pollo y el
caldo de pollo o agua. Incorpore todos los ingredientes y sazone con sal y
pimienta. Tape la sartén y deje cocinar de 20 a 25 minutos a fuego lento.
Añada las aceitunas y las tiras de pimiento morrón casi al final de la cocción.
Mueva lentamente a fondo y asegúrese de que el arroz este bien cocido. Tape
otra vez y retírelo del fuego y déjelo reposar 20 minutos antes de servir.

*El arroz versátil; morado, glutinoso y
regular abajo los pasteles de arroz.*

Arroz al achiote con garbanzo y con huevos de codorniz,
adornada con perejil y pimiento morrón rojo

CONSOME DE POLLO CON ARROZ (Chicken Rice Soup)

TIEMPO DE PREPARACIÓN: *20 minutos*
TIEMPO DE COCCION: *45 minutos*

INGREDIENTES: (para 6)
6 muslos de pollo
½ taza de arroz
½ taza de arroz dulce
1 cuchara sopera de jengibre, finamente rebanado
1 diente de ajo, picado
1 cebolla mediana, picada
3 cucharas soperas de salsa de pescado
1 cuchara sopera de salsa de soya Light
1 cucharita sopera de pimienta negra
2 cucharas soperas de azafrán mexicano
1 litro de agua
½ litro de caldo de pollo
3 cucharas soperas de aceite vegetal

GUARNICION:
Cebollas cambray, picadas

En una cacerola grande con 2 cucharas de aceite vegetal, sofría el arroz a fuego medio alto hasta que cambie de color. Reitérelo del fuego y déjelo reposar.

Unte los muslos de pollo con una pizca de sal y pimienta. En la misma cacerola con 3 cucharas de aceite vegetal sofríalos durante 5 minutos. Saltee el pollo con el ajo picado y el jengibre rebanado durante 2 minutos. Añada las cebollas picadas, mueva y deje cocinar 1 minuto. Añada el arroz, una pizca de sal, la salsa de soya y la pimienta, mueva y añada una taza de agua. Mueva otra vez y agregue el resto del agua y aumente la flama. Añada el azafrán, la salsa de pescado y la pimienta negra, y sazone. Tape la sartén y deje cocinar 30 minutos (mueva ocasionalmente. Retire del fuego.

Sirva en tazones individuales y roció con jugo de limón recién exprimido.

AROZ CON GARBANZOS Y HUEVOS DE CODORNIZ

TIEMPO DE PREPARACIÓN: *5 minutos*
TIMEPO DE COCCION: *25 minutos*

INGREDIENTES: (para 4)
2 tazas de arroz de grano grande
I lata de 15 onzas de huevos de codorniz
I taza de arroz dulce
4 cucharas soperas de salsa de soya Light
I lata de 15 onzas de garbanzos
I cebolla mediana, picada
3 cucharas soperas de aceite vegetal
7 tazas de agua o caldo de pollo
½ cucharita sopera de achiote en polvo
  sal y pimienta al gusto

GUARNICION:
Cebollitas de cambray, picadas

En una sartén grande con aceite caliente, a fuego medio alto, se tuesta el arroz hasta que se pone amarillo. En la misma sartén, se saltea el arroz con la cebolla, una pizca de sal, pimienta y salsa de soya. Mueva y añada una taza de agua con jugo de achiote. Mueva la mezcla, añada mas agua, tape y deje cocinar 2 minutos. Añada los garbanzos y los huevos de codorniz (desechando el liquido). Mueva y baje la flama al mínimo. Eje cocinar durante 10 minutos hasta que el agua se evapore, y retírelo del fuego. Mantenga tapado durante 10 minutos mas antes de servir. Rocíe con la cebolla picada y adorne.

ARROZ FRITO

TIEMPO DE PREPARACIÓN: *5 minutos*
TIEMPO DE COCCION: 25 minutos

INGREDIENTES: (para 2)
4 tazas de arroz cocido/sobrante
1 diente de ajo, picado
2 cucharas soperas de aceite vegetal
2 cucharas soperas de salsa de soya Light
   sal y pimienta al gusto

En una sartén con teflón a fuego medio, se saltea el ajo en aceite caliente 1 minuto. Se añaden las 4 tazas de arroz, salsa de soya y pimienta negra al gusto. Mueva para incorporar el sabor durante 5 minutos. Sazone con sal y pimienta. Continúe moviendo 5 minutos o más hasta alcanzar el grado de cocción de su preferencia.

Los Españoles crearon este platillo famoso mundialmente, conocido como *paella*. Esta palabra proviene de una cacerola de acero con dos asaz. Este platillo se cocina y se sirve directo de la cacerola. En Filipinas, tuvo la influencia Castellana, incluyendo la pronunciación. Contiene los ingredientes básicos como son el pollo, algunos crustáceos, arroz para paella, chorizo y azafrán.

PAELLA

TIEMPO DE PREPARACIÓN: *1 hora*
TIEMPO DE COCCION: 1 hora

INGREDIENTES: (para 6)
1 pollo entero, de aprox. 1 ½ Kg
2 hojas de laurel
2 tazas de arroz para paella
2 dientes de ajo, picado
10 mejillones
1 cebolla mediana, picada
½ Kg de camarones pelados
1 taza de chícharos
4 chorizos de Bilbao salchichas, en rebanadas
4 tazas de caldo de pollo
1 pimiento morrón rojo, en tiras
1/8 de cuchara sopera de polvo de azafrán
3 cucharas soperas de salsa de soya
5 cucharas soperas de aceite vegetal
3 cucharas soperas de aceite vegetal para tostar el arroz
1 jitomate grande, picado

Se corta el pollo en porciones. Se parten las pechugas en cuatro. Se cortan las alas y las piernas. En una cacerola llena hasta la mitad con agua, se cuecen las piezas de pollo. Sazone con sal, pimienta en grano y cebolla. Se deja hervir. Luego se tapa y se deja cocinar durante 30 minutos. Retire del fuego y deje reposar.

Prepare las verduras y los mariscos. Lave el pimiento morrón y rebánelo cubos de 5 cms. Limpie y lave los camarones y los mejillones perfectamente.

En una cacerola para paella, sofría el arroz en aceite caliente hasta que se dore. Añada aceite de oliva, el ajo, la cebolla y el jitomate picado, moviendo constantemente. Añada una taza de caldo de pollo y mueva hasta que se evapore el caldo. Añada otra taza de caldo de pollo y mueva durante 2 minutos. Incorpore las hojas de laurel, la salsa de soya, el perejil, la pimienta negra y una pizca de sal. Añada las piezas de pollo, el chorizo o las salchichas, el azafrán y el caldo de pollo. Tape y deje cocinar 5 minutos. Añada los mejillones, los chícharos, los camarones y el pimiento morrón. Mueva y añada sal y pimienta al gusto. Siga moviendo hasta que el arroz este bien cocido. Sirva tibio.

CROQUETAS DE ARROZ (Rolled Cooked Roasted Glutinous Rice)

TIEMPO DE PREPARACION: *45 minutos*
TIEMPO DE COCCION: 40 minutos

INGREDIENTES: (para 25 piezas)
2 tazas de arroz dulce, tostado
¾ de taza de azúcar morena
I taza de leche de coco
I cuchara sopera de vainilla
I cuchara sopera de mantequilla
*   harina de arroz tostada para espolvorear*

En una sartén con aceite vegetal a fuego medio, se tuesta el arroz. Con una cuchara de madera mueva lenta pero constantemente hasta que el arroz se dore. Deje enfriar durante 15 minutos. En la licuadora, muela el arroz tostado. Una taza cada vez hasta que logre una consistencia harinosa.

En una cacerola mediana, mezcle el azúcar, la leche de coco, sal y vainilla. Cocínelos a fuego medio y mueva lentamente hasta que hierva. Cocine durante 10 minutos, y añada la mantequilla. Mientras se cocina, añada gradualmente el arroz tostado. Siga moviendo con una cuchara de madera hasta que espese y él liquido se evapore. Retire del fuego.

Forre una tabla para partir con papel encerado. Rocíe la superficie con harina de arroz, Coloque el arroz cocido sobre el papel encerado. Con un rodillo aplane la masa a media pulgada aproximadamente y déle forma rectangular. Corte en cuadros y espolvoréelos con mas harina de arroz tostada. Con papel encerado alrededor d e sus manos, enrolle cada rectángulo en sus manos y colóquelos en una bandeja.

VARIACIÓN:
Envuelva cada croqueta individualmente en papel encerado. O envuelva cada croqueta con coco fresco rallado antes de servir.

LAS PASTAS

TALLARINES SALTEADOS (Sautéed Rice Noodles)

TIEMPO DE PREPARACIÓN: *30 minutos*
TIEMPO DE COCCION: 20 minutos

INGREDIENTES: (para 4)
1 paquete de ½ Kg de fideos
1 ½ taza de pechuga de pollo, precocida y empanizada
½ taza de carne maciza de cerdo, finamente rebanada
5 tazas de caldo de pollo
1 taza de setas paja, finamente rebanados
2 tallos de apio, en corte diagonal
1 taza de ejotes, rallados
1 pimiento morrón rojo pequeño, en tiras
1 cebolla grande, en rebanadas
2 dientes de ajo, picados
½ taza de salsa de soya Light
2 cucharas soperas de sala de pescado
  sal y pimienta al gusto

En una cacerola grande con tapa a fuego medio, se sofríe la carne de cerdo con aceite vegetal hasta que se dore. Añada la carne de pollo, una pizca de sal y pimienta, y mueva. Saltee la carne en ajo, añada la cebolla y cocine durante 1 minuto. Incorpore las verduras; los ejotes, el apio y las setas. Añada 1 taza de caldo de pollo y cocine 3 minutos. Retire del fuego y deje reposar.

En la misma cacerola a fuego medio, añada el caldo de pollo restante. Sazónelo con salsa de soya, la salsa de pescado y pimienta al gusto. Añada los tallarines al liquido que se esta cocinando. Mueva lentamente para incorporar los tallarines con el caldo de pollo. Añada mas caldo de pollo o agua si es necesario. Tape y deje cocinar hasta que los tallarines estén cocidos. Añada el pimiento morrón. Añada sal y pimienta si es necesario. Retire del fuego y colóquelo en una bandeja. Lentamente incorpore 1/3 de las verduras a la preparación de los tallarines. Cubra los tallarines con el resto

FIDEOS A LA CANTONESA (Sautéed Egg Noodle)

TIEMPO DE PREPARACIÓN: *30 minutos*
TIEMPO DE COCCION: *30 minutos*

INGREDIENTES: (para 4)
1 paquete de 16 onzas de fideos de huevo
1 taza de carne de cerdo, finamente rebanada
½ taza de camarones, desvenados
1 lata de 8 onzas de castañas en agua, finamente rebanadas
2 tallos de apio, en rebanadas
1 cebolla mediana, juliana
5 tazas de caldo de cerdo
1 cebolla grande, en rebanadas
3 cucharas soperas de aceite de oliva
5 hojas de col nappa, en tiras
5 cucharas soperas de salsa de soya
ramitas de cilantro
    sal y pimienta al gusto

En una sartén grande se sofríe la carne de cerdo en aceite caliente hasta que dore. Añada los camarones, espolvoree sal y pimienta, y deje cocinar 1 minuto. Incorpore la cebolla, las castañas, la salsa de soya y 4 tazas de caldo de cerdo. Mientras se cocina añada los tallarines y deje cocinar 3 minutos hasta que los ingredientes estén cocidos. Apague el fuego y déjelo reposar tapado.

En otra sartén a fuego medio, se saltea la cebolla rebanada en aceite caliente hasta conseguir una apariencia transparente. Añada las zanahorias y el apio. Sazone con salsa de soya, sal y pimienta. Añada ½ taza de caldo de cerdo, tape y deje cocinar 10 minutos. Destape mueva y añada sal y pimienta al gusto. Añada la col nappa. Apague el fuego y esparza las verduras sobre los tallarines cocidos en una bandeja. Concluya la guarnición de verduras espolvoreando hojas de cilantro fresco.

VARIACIONES:
Prepare como se indica substituyendo la carne de cerdo por carne de res o pollo. Rebane la carne finamente y sofría hasta que dore antes de saltearla con cebolla en aceite caliente

Para la salsa diluya 2 cucharas soperas de maicena con 3 tazas de caldo de cerdo, res o pollo. Mueva hasta que todas las verduras se cuezan y espolvoréelos sobre los tallarines cocidos, sirva inmediatamente.

TALLARINES AL ACHIOTE (Rice Noodles with Thick Sauce)

TIEMPO DE PREPARACION: *1 hora*
TIEMPO DE COCCION: *1 hora*

INGREDIENTES: (para 4)
500 grs. de tallarines largos
1 taza de carne molida de cerdo
½ taza de camarones, pelados y desvenados
4 tazas de caldo de cerdo
3 cucharas soperas de salsa Light
3 cucharas soperas de aceite de oliva
2 cucharas soperas de achiote
3 dientes de ajo, picados
1 cebolla grande picada
3 cucharas soperas de maicena, diluidas en ½ taza de agua
1 cuchara sopera de perejil, picado
2 huevos, batidos
   sal y pimienta al gusto

ADEREZOS:
1 taza de salmón ahumado, empanizado (opcional)
1 taza de moronas de cerdo, aplastadas
½ taza de cebollines frescos, picados
½ taza de huevos hervidos, en cubos

GUARNICION:
Rodajas de limón

En una cacerola grande a fuego medio alto, llena hasta la mitad con agua y una pizca de sal, se cuecen los tallarines 10 minutos o hasta que ablanden. Escúrralos y enjuáguelos en una bandeja grande. En una sartén grande a fuego medio, sofría la carne molida en aceite de oliva hasta que se cueza. Agregue los camarones y sazone con una pizca de sal y pimienta. Añada el ajo y cocine 2 minutos. Agregue cebolla y mueva 1 minuto. Agregue salsa de soya y caldo de cerdo. Deje cocinar y agregue el jugo de achiote y el perejil. Mueva y deje cocinar 3 minutos. Antes de agregar los ingredientes para espesar agregue sal y pimienta si es necesario. En un tazón diluya la maicena en ½ taza de agua. Mueva perfectamente hasta disolver la maicena. Añada los huevos y bata perfectamente. Agregue esta mezcla a la salsa que sé esta cocinando. Mueva hasta que la salsa espese y viértala sobre los tallarines cocidos en la bandeja. Espárzalo y espolvoree los aderezos colocando las rodajas de limón alrededor.

TALLARINES CON POLLO (Bean Thread Noodles)

TIEMPO DE PREPARACION: *35 minutos*
TIEMPO DE COCCION: *30 minutos*

INGREDIENTES: (para 6)
500 grs. de carne de pollo, precocida
8 tazas de caldo de pollo
16 onzas de tallarines
½ taza de salsa de soya Light
4 cucharas soperas de aceite vegetal
1 cebolla grande, picada
½ taza de jugo de achiote

GUARNICION:
1 taza de carne de pollo precocida
½ taza de ejotes, rallados
1 taza de zanahorias, juliana
¾ de taza de coliflor, cortada en porciones pequeñas
2 cucharas soperas de salsa de soya Light

Se corta la carne de pollo en porciones pequeñas. En una cacerola mediana, llena con agua y sal hasta la mitad se hierve el pollo hasta 25-30 minutos. Deje lo enfriar y guarde el caldo. Corte los tallarines en trozos regulares.

Rebane la carne de pollo en porciones pequeñas. Aparte ½ taza de carne para la guarnición. En una sartén grande con aceite vegetal a fuego medio alto sofría la carne de pollo precocida. Añada una pizca de sal y pimienta. La cebolla picada hasta lograr una apariencia transparente. Añada 2 cucharas soperas de salsa de soya, una pizca de pimienta y 6 tazas de caldo de pollo. Añada el jugo de achiote mientras sé esta cociendo y luego los tallarines. Con una espátula grande mueva los tallarines hasta que se incorporen a la mezcla. Añada mas caldo de pollo si es necesario. Sazone con salsa de soya, sal o pimienta. Baje el fuego y tape durante 5 minutos. Mueva los tallarines y cocínelos hasta que se ablanden. Apague el fuego y deje reposar tapado.

En otra sartén mediana caliente aceite a fuego medio, saltee la carne de pollo precocida con cebolla. Añada ½ taza de caldo de pollo, una pizca de pimienta y 3 cucharas soperas de salsa de soya y mueva. Añada las zanahorias, los ejotes y la coliflor. Muévalos y cocine durante 3 minutos tapados. Continué cocinando hasta que las verduras estén cocidas. Coloque los tallarines en una bandeja grande y esparza las verduras como guarnición.

SOPAS

SOPA DE LENTEJAS (Mung Beans Soup)

TIEMPO DE PREPARACIÓN: *30 minutos*
TIEMPO DE COCCION: *1 hora*

INGREDIENTES: (para 4)
*1 taza de lentejas**
1 litro de agua
1 taza de carne de cerdo o de pollo, rebanadas delgadas
2 dientes de ajo
2 jitomates medianos, en cubos
4 tazas de caldo de pollo
1 cebolla pequeña, picada
3 cucharas soperas de aceite vegetal
5 hojas grandes de mostaza verde, picadas
3 cucharas soperas de salsa de soya
   sal y pimienta al gusto

Lave las lentejas. Hiérvalas en una cacerola mediana con ¾ de agua a fuego medio. Cuando comience a hervir baje el fuego y deje cocinar hasta que se cuezan. Déjelas reposar.

En una sartén grande a fuego medio sofría la carne en aceite vegetal. Agregue una pizca de sal y pimienta. Mueva y deje cocinar la carne durante 2 minutos o hasta que se cueza. Añada ajo y mueva. Añada la cebolla, los jitomates, la salsa de soya y mueva hasta que todos los ingredientes estén bien cocidos. Agregue el caldo de pollo y las lentejas cocidas. Añada mas agua o ajuste el sazón con sal y pimienta si es necesario, y deje hervir. Antes de apagar el fuego, añada las hojas de mostaza picadas. Mueva para incorporar todos los ingredientes y cocine 2 minutos tapado. Se sirve en tazones individuales.

VARIACIONES:
Prepare como se indica substituyendo la carne por una taza de veneras o camarones. Lave las veneras o los camarones a chorro de agua fría. Desvene los camarones y siga los procedimientos. Recuerde utilizar caldo de pollo para enriquecer el sabor.

Utilice Chicharos verdes deshidratados si no hay lentejas. Prepare como se indica pero use 2 tazas de frijoles deshidratados y deje hervir en 12 tazas de agua. Una elección de carne o mariscos o ambas se recomienda para esta preparación.

SOPA DE MARISCOS (Variety Meats Soup)

TIEMPO DE PREPARACIÓN: *45 minutos*
TIEMPO DE COCCION: *45 minutos*

INGREDIENTES: (para 6)
250 grs. de corazón de pollo o de ternera
125 grs. de hígado de pollo o cerdo
250 grs. de veneras
1 lata de 8 onzas de castañas de agua finamente rebanadas
2 tallos de apio, en cubos
1 zanahoria mediana, en cubos
10 tazas de caldo de pollo
2 cebollas medianas, picadas
½ taza de salsa de soya
3 dientes de ajo, picados
½ taza de perejil, picado
   sal y pimienta al gusto

Lave los hígados y corazones bajo el chorro de agua. En una cacerola grande con la mitad de agua, a fuego medio alto, hiérvalos durante 40 minutos. Sazone con sal y pimienta. Cuando estén cocidos retírelos del fuego, déjelos enfriar en un tazón y aparte el caldo.

Rebane los corazones, los hígados, las veneras y las castañas. Déjelas reposar.

Limpie y lave todas las verduras. Corte las zanahorias y el apio. Déjelos reposar.

En la misma cacerola a fuego medio, se saltea el ajo en aceite vegetal caliente. Se incorporan las cebollas y se cocinan hasta lograr una apariencia transparente. Añada los corazones e hígados rebanado, y una pizca de sal y pimienta. Cocine durante 2 minutos, mueva y añada salsa de soya. Vierta 1 litro de caldo, tape y deje cocinar durante 12 minutos. Añada las zanahorias picadas, las veneras, las castañas y el apio. Añada mas sal y pimienta al gusto o agua. Déjelo cocinar 10 minutos y finalmente añada el perejil picado.

VARIACIONES:
Prepare como se indica pero omita los hígados, y en su lugar utilice una taza de sopa de codito.

SOPA DE ELOTE (Fresh Corn Soup)

TIEMPO DE PREPARACIÓN: *30 minutos*
TIEMPO DE COCCION: *30 minutos*

INGREDIENTES: (para 4)
5 elotes frescos (molidos)
1 litro de caldo de pollo
3 cucharas soperas de aceite vegetal
2 dientes de ajo, picados
1 cebolla mediana picada
3 cucharas soperas de salsa de soya Light
½ taza de perejil picado
   sal y pimienta al gusto

Desgrane los elotes. Lave los granos al chorro de agua y lícuelos durante 5 segundos.

En una cacerola mediana a fuego medio con aceite caliente, se saltea el ajo hasta que se dore. Añada la cebolla y cocine hasta conseguir un aspecto transparente. Incorpore los granos de elote y mezcle perfectamente durante 2 minutos. Añada la salsa de soya y la pimienta. Vierta el caldo de pollo y siga moviendo hasta que hierva. Cocine durante 5 minutos. Añada sal y pimienta si es necesario. Añada el perejil, tape retírelo del fuego y sirva.

SOPA DE CEBOLLA (Green Onions and Noodle Soup)

TIEMPO DE PREPARACION: *15 minutos*
TIEMPO DE COCCION: *20 minutos*

INGREDIENTES: (para 4)
2 manojos de cebollines o cebollinas (aprox. 20 tallos)
2 mini paquetes de 10 onzas de fideos de fríjol
8 onzas de veneras frescas
1 litro de caldo de pollo o agua
3 cucharas soperas de aceite vegetal
2 dientes de ajo, picados
3 cucharas soperas de salsa de soya Light
   sal y pimienta al gusto

Remueva las hojas de los cebollines y lave en el chorro de agua fría. Corte los cebollines en cuatro.

En una cacerola mediana a fuego medio con aceite caliente, se saltea el ajo hasta que se dore. Se añade la cebolla picada y se mueve 1 minuto. Se incorporan las veneras, la pimienta y la salsa de soya. Deje cocinar durante 2 minutos, añada el caldo de pollo y deje hervir. Mientras el se cocina añada los fideos y los cebollines. Déjelo cocinar durante 5 minutos. Añada sal y pimienta si es necesario, tápelo y apague el fuego.

CHICHAROS (Green Peas with Straw Mushrooms)

TIEMPO DE PREPARACION: *20 minutos*
TIEMPO DE COCCION: *20 minutos*

INGREDIENTES: (para 2)
2 tazas de chicharos verdes, precocidos
1 lata de 15 onzas de setas, escurridos
1 taza de zanahorias, en cubos
1 taza de pollo precocido, empanizado
1 diente de ajo picado
1 cebolla pequeña rebanada
3 cucharas soperas de salsa de soya Light
2 cucharas soperas de maicena, diluidas con 2 cucharas soperas de agua
1/3 de taza de caldo de pollo
  sal y pimienta al gusto

En una sartén grande a fuego medio alto con aceite caliente, se saltea el ajo y la cebolla. Se añade la carne de pollo. Se añade la pimienta y la salsa de soya, y se cocina durante 2 minutos. Añada las zanahorias y el caldo de pollo, y deje cocinar 5 minutos. Añada las setas y los chicharos. Añada sal y pimienta si es necesario. Deje cocinar durante 2 minutos. En un tazón pequeño, con 2 cucharas soperas de agua diluya la maicena. Vacié la mezcla y mueva hasta que la salsa espese. Retire del calor y sirva.

VARIACIONES:

Prepare como se indica pero substituya el pollo por camarones o veneras. Utilice 1 taza de camarones frescos pelados o 1 taza de veneras. Use 2 tazas de champiñones botón en lugar de las setas. Para un toque gourmet, utilice 1 taza de setas de morilla remojadas en agua durante 10 minutos. Escurra el agua y exprima para quitar la tierra.

SOPA DE CARNE Y MARISCOS (Saucy Meats, Seafood's and Vegetables)

TIEMPO DE PREPARACIÓN: *30 minutos*
TIEMPO DE COCCION: *45 minutos*

INGREDIENTES: (para 6)
250 grs. de lomo de cerdo, en cubos
250 grs. de pechuga de pollo, en cubos
I taza de camarones, pelados
I lata de 4 onzas de castañas en agua, escurridas y rebanadas
I chayote, rebanado
I zanahoria, rebanada
4 hojas de col nappa, en tiras
I pimiento morrón, en cuadrito
I cebolla mediana, rebanada
4 cucharas soperas de salsa de soya
2 tazas de caldo
3 cucharas soperas de maicena
    sal y pimienta al gusto

Rebane la carne de cerdo y de pollo en cubos pequeños.

Lave los camarones y pélelos. Córtelos en pedazos y déjelos reposar.

Pelé el chayote y corte en 4, deshuese y rebane en porciones pequeñas. Rebane la zanahorias y el apio en trozos pequeños. Escurra las castañas y pártalas en 2. corte el pimiento morrón en 2 y rebánelo en cuadritos. Déjelo reposar.

Lave y escurra las hojas de col nappa. Córtelas en tiras y déjelas reposar.

En una sartén grande a fuego medio alto, en aceite vegetal caliente, cocine la carne hasta que se ablande. Rocié sal y pimienta. Añada los camarones, la cebolla y la salsa de soya, y mueva. Añada el caldo de pollo o de cerdo y deje cocinar 10 minutos. Agregue las castañas el apio, las zanahorias y el chayote. Tape y deje cocinar 5 minutos. Diluya la maicena con ½ de taza de caldo de pollo. Incorpore a la mezcla que sé esta cocinando y mueva hasta que hierva. Añada sal y pimienta al gusto. Agregue el pimiento morrón, mueva, tape y apague el fuego.

PARA SERVIR:
Sirva en platos individuales con arroz cocido al vapor.

ENSALADAS

ENSALADA DE PLATANO (Smoked Flavored Banana Blossom with Coconut Milk)

TIEMPO DE PREPARACIÓN: *1 hora*
TIEMPO DE COCCION: *30 minutos*

INGREDIENTES: (para 4)
2 flores frescas de plátanos (2.5 Kg.)
1 taza de leche de coco fresca
1 cebolla pequeña, picada
1 cuchara sopera de azúcar
3 cucharas soperas de vinagre
1 cucharita de sal
1 cucharita de sabor a humo (ver nota)
   pimienta negra al gusto

Separe los pétalos de las flores de plátano. Córtelas en 4 y hiérvalas en una cacerola con la mitad de agua. Añada una pizca de sal y cocínelas 25 minutos o hasta que se ablanden. Retírelas del fuego y déjelas enfriar.

En un tazón pequeño, mezcle la leche de coco con azúcar, la sal, el vinagre, el sabor de humo y pimienta negra al gusto. Mueva uniformemente hasta que el azúcar y la sal se disuelvan completamente. Ajuste la sazón con sal y pimienta antes de mezclar con los ingredientes principales.

Coloque los pétalos en un tazón y escúrrales el agua exprimiéndolos con las manos. Añada la cebolla picada y añada la mezcla de leche de coco. Revuelva ligeramente para balancear los ingredientes y sirva a temperatura ambiente.

SABOR A HUMO HECHO EN CASA

Coloque coco rayado en el fondo de un tazón. Prenda un pedazo de madera (leña) y espere a que se haga braza. Coloque la braza sobre el coco rallado y cúbrala con mas coco rayado, tape el tazón durante 1 minuto y retire la braza. Exprima el coco rayado para extraer la leche. Realice esta operación hasta juntar una taza pequeña de leche de coco.

Ensalada de Mango

Ensalada de Espinacas

ENSALADA DE ESPINACAS (Spinach with Lemon Grass and Papaya Salad)

TIEMPO DE PREPARACIÓN: *30 minutos*
TIEMPO DE COCCION: *ninguno*

INGREDIENTES: (para 4)
1 manojo de espinacas
½ taza de hierba de limón fresca, picada
1 cebolla roja grande, picada
2 tazas de papaya, finamente rebanadas
1/3 de taza de aceite de oliva
1/3 de taza de vinagre de manzana
2 cucharas soperas de azúcar morena
5 dientes de ajo, rebanados
1 cuchara sopera de salsa de soya
1 cuchara sopera de ajonjolí
    sal y pimienta al gusto

Marine el ajo en aceite de oliva durante 1 hora. Escurra el aceite.

Lave las espinacas. Corte los tallos y corte las hojas en porciones pequeñas y extiéndalas en un refractario ancho. Use la parte blanda de la hierba de limón y lávelas. Píquelas y colóquelas en un tazón por separado. Corte y rebane las cebollas en tiras, mézclelas con la hierba de limón y añada la salsa de soya.

En un tazón pequeño, mezcle el vinagre, el aceite de oliva, el ajo, el ajonjolí y el azúcar. Mézclelos perfectamente hasta lograr la consistencia de un aderezo para ensalada.

Mezcle las espinacas, la hierba de limón, la papaya y la cebolla en un tazón grande. Vacíe el aderezo. Sazone con sal y pimienta al gusto. Revuelva ligeramente para pernear todos los ingredientes con el aderezo. Para servir rocíe aceite de oliva y más ajonjolí.

ENSALADA DE ESCAROLA Y CHIRIVIA (Chicory/Parsnip Salad with Mango Sauce)

TIEMPO DE PREPARACIÓN: *45 minutos*
TIEMPO DE COCCION: *ninguno*

INGREDIENTES: (para 4)
1 cabeza de escarola
2 chirivias grandes, peladas

ADEREZO:
2 mangos maduros
4 cucharas soperas de vinagre de manzana
½ taza de aceite de oliva
2 dientes de ajo, molidos
½ cuchara sopera de pimienta negra
1 cuchara sopera de salsa de soya Light
½ taza de cilantro, picado
   una pizca de sal

Seleccione una chirivia tierna. Pélela y corte las puntas y la raíz. Con un pelador raye la chirivia a lo largo. Colóquelo en un tazón con agua fría y sal. Déjela reposar 30 minutos.

Rebane los mangos y extraiga la pulpa con una cuchara. Raspe la pulpa que quede en el hueso con una cuchara y póngala en un tazón. Con un aplastador haga la pulpa semi puré. Añada el ajo finamente molido, el aceite de oliva y el vinagre de manzana. Sazone con sal y pimienta al gusto. Añada el cilantro picado y mueva.

Separe las hojas de la escarola y lávelas al chorro de agua fría. Tire las hojas dañadas y corte las hojas servibles en trozos pequeños. Colóquelas en una bandeja.

Escurra el agua de la chirivia. Agregue las hojas de escarola y remueva ligeramente para incorporar los ingredientes. Tape el tazón y refrigere durante 1 hora.

PARA SERVIR:
Retírelos del refrigerador. Vacíe la mitad del puré de mango y remueva ligeramente para permear los vegetales uniformemente. Vacíe el resto del puré de mango y sirva.

ENSALADA DE MANGO (Mango Vegetable Salad)

TIEMPO DE PREPARACIÓN: *30 minutos*
TIEMPO DE COCCION: *ninguno*

INGREDIENTES: (para 4)
2 mangos medianos maduros
I pimiento morrón rojo
I taza de apio, en tiras
I cebolla mediana, en cubos
I taza de rábanos rojos, finamente rebanados
2 calabacitas, peladas
I taza de vinagre de manzana
I cuchara sopera de azúcar morena
½ taza de aceite de oliva
I cuchara sopera de jengibre, finamente picado
   una pizca de sal

Lave y seque todas las verduras. Corte las raíces y la parte alta de los rábanos, y córtelos en trozos pequeños.

Corte la parte alta y baja de las calabacitas. Con un pelador, corte de arriba hacia abajo para obtener un corte fino (como papel). Corte el pimiento morrón estilo juliana, corte el apio en trozos y luego en tiras, y mézclelos en una ensaladera.

En un tazón pequeño mezcle el aderezo; vinagre, azúcar morena, sal, pimienta negra y aceite de oliva. Pele una parte pequeña del jengibre y pique la cáscara finamente. Incorpórelo a la mezcla. Vacíe las verduras y mezcle ligeramente para pernearlos con el aderezo.

Pele los mangos y corte los lados para separar los huesos. Corte la pulpa en tiras. Luego en pequeños cubos. Esparza los cubos de mango encima de la ensalada, tape y póngalo en el refrigerador.

VARIACIONES:
Prepare como se indica, substituyendo las calabacitas por lechuga romana. Lave y corte la lechuga romana en porciones pequeñas. Mezcle todos los ingredientes, y refrigere. Antes de servir, revuelva nuevamente y añada los cubos de mango como guarnición.

ENSALADA DE PALMITOS (Hearts of Palm Salad)

TIEMPO DE PREPARACIÓN: *20 minutos*
TIEMPO DE COCCION: *ninguno*

INGREDIENTES: (para 4)
2 latas de 14 onzas de palmitos, escurridos y rebanados
1 cabeza mediana de escarola o escarola rizada
500 grs. de espárragos
1 lata de 8 onzas de piña en almíbar, semi aplastada

ADEREZO:
½ taza de aceite de oliva
½ taza de vinagre de manzana
2 dientes de ajo, finamente picados
1 cuchara sopera de azúcar
1 huevo batido
1 cuchara sopera de salsa de soya Light
1 cuchara sopera de crema de cacahuate
2 cucharas soperas de hierba de limón, finamente picada (opcional)
  sal y pimienta al gusto

Lave los espárragos y corte el área blanca en la base del tallo con un pelador. Corte los espárragos en porciones pequeñas y deseche los tallos. En una cacerola grande a fuego medio con ¼ de agua, añada un poco de sal y blanquee los espárragos durante 3 minutos. Viértalos en un tazón y déjelos reposar.

En un tazón mediano, mezcle el aceite de oliva, la salsa de soya, el ajo, el vinagre de manzana, el huevo batido, el azúcar, la crema de cacahuate, la sal y la pimienta. Mezcle perfectamente hasta obtener una pasta uniforme.

En un tazón grande vierta los palmitos, los espárragos, la hierba de limón, y la piña semi aplastada. Añada ½ taza de aderezo. Combine ligeramente, tape y refrigere durante 30 minutos. Después de 30 minutos corte la escarola en trozos pequeños y mézclelas con los ingredientes. Vierta el aderezo restante, mezcle ligeramente y refrigere durante 1 hora antes de servir.

VERDURAS

VERDURAS A LA VINAGRETA (Pickled Vegetables)

TIEMPO DE PREPARACIÓN: *40 minutos*
TIEMPO DE COCCION: *10 minutos*

INGREDIENTES: (para 6)
1 chayote largo, rebanado
2 cucharas soperas de sal
1 jicama pequeña, juliana (aprox. 1 ½ taza)
2 clavos
½ taza de zanahorias, cortadas en finas rebanadas en diagonal
½ taza de agua
1 pimiento morrón rojo, en tiras
1 diente de ajo
1 taza de coliflor, separado
2 tazas de vinagre blanco
¾ de taza de azúcar
1 cebolla mediana, partida en cuatro
1 cuchara sopera de jugo de limón
1 pieza de jengibre, finamente rebanado (aprox. 2 cucharas soperas)

Lave los vegetales bajo el chorro de agua fría. Pele y corte los chayotes en cuatro, remueva las semilla y rebane. Pele la jicama, divida en cuatro pedazos, haga corte juliana. Viértalo en un tazón y añada el chayote, las rebanadas de la zanahoria, las tiras de pimiento morrón y la coliflor.

Escurra el exceso de agua o jugo de las verduras rebanadas. Rocíe con jugo de limón y mueva ligeramente para incorporar los ingredientes. Pase todo a una jarra, un platón tapado o a un refractario. Use un tupperware con tapa, si lo va a guardar durante un largo periodo de tiempo. Siga las instrucciones del manufacturador para sellar el recipiente. Etiqueta y feche.

En una cacerola mediana, mezcle el vinagre, agua, azúcar, sal, jengibre, ajo, los clavos y la cebolla. A fuego bajo hierva esta mezcla. Mientras se cuece corrija la sazón a su gusto. Retire del fuego cuando la mezcla haya hervido. Inmediatamente vacíe la mezcla hirviente a las verduras y deje enfriar sin tapar. Tape cuando esta totalmente frío y refrigere durante 24 horas.

NOTA: las verduras al vinagre mejoran su sabor después de 3 días de refrigeración.

Dulce de Yuca; en la parte superior. A la derecha esta el camote dulce con canela y yogurt. En el fondo esta el taro molido, con salsa de soya, mantequilla y pimienta negra. A la izquierda están las calabacitas con sal y pimienta, mantequilla y perejil finamente picado.

Crepas de Verdura

ESPINACAS CON LECHE DE COCO (Spinach with Coconut Milk)

TIEMPO DE PREPARACIÓN: *30 minutos*
TIEMPO DE COCCION: *30 minutos*

INGREDIENTES: (para 4)
3 manojos de espinacas frescos (1 Kg)
1 1/2 taza, de leche de coco (aparte 1/2 taza)
1/3 de taza de caldo de pollo o res
2 dientes de ajo, picados
1 cuchara sopera de jengibre, rebanado en finas tiras
1 cebolla mediana, picada
3 cucharas soperas de salsa de soya Light
3 cucharas soperas de aceite de oliva
   sal y pimienta al gusto

Lave las espinacas en agua. Quite las raíces y escúrralas.

En una cacerola grande a fuego medio, se saltea el ajo y el aceite de oliva. Añada el jengibre y deje cocinar 1 minuto. Añada la cebolla, la pimienta y la salsa de soya. Mueva hasta lograr que la cebolla adquiera una apariencia transparente, añada la leche de coco. Mueva hasta que hierva, deje cocinar durante 12 minutos. Añada las espinacas y el caldo de pollo. Tape 3 minutos, y mueva hasta que las espinacas estén cocidas. Añada sal y pimienta si es necesario. Retire del fuego y añada la ½ taza de leche de coco restante. Mezcle los ingredientes perfectamente hasta lograr el sabor cremoso del coco. Sirva inmediatamente.

VARIACIONES:
Prepare como se indica, pero añada 1 lata de 8 onzas de castañas en agua y chile. Rebane las castañas finamente y corte el chile en tiras. Mézclelos con las espinacas que se están cocinando.

TARO CON LECHE DE COCO (Taro Leaves with Coconut Milk)

TIEMPO DE PREPARACIÓN: *30 minutos*
TIEMPO DE COCCION: *40 minutos*

INGREDIENTES: (para 4)
1 Kg de hojas de taro frescas, cortadas en trozos de 3 pulgadas cada uno
4 tazas de leche de coco
½ taza de caldo de pollo
2 dientes de ajo, picado
1 cebolla mediana, picada
3 cucharas soperas de salsa de soya Light
2 cucharas soperas de jengibre, finamente rebanado
2 pimientos morrones rojos, en tiras
3 cucharas soperas de aceite de oliva
   sal y pimienta al gusto

GUARNICION:
chile rojo fresco, martajado

Lave las hojas de taro bajo el chorro de agua fría. Corte las hojas y tallos en trozos de 3 pulgadas cada uno.

Extraiga la leche de coco (ver pagina 156) guarde ¾ de taza para el paso final de esta receta. En una sartén grande con aceite de oliva a fuego medio, se saltea el ajo y el jengibre durante 1 minuto. Añada la cebolla, la salsa de soya, la pimienta negra y mueva. Añada 3 tazas de leche de coco y mueva ligeramente hasta que hierva. Cocine la mezcla moviendo durante 15 minutos. Añada las hojas de taro a la mezcla que sé esta cocinando y tápelo. Después de 3 minutos retire la tapa y mueva. Añada el caldo de pollo y mueva. Ajuste la sazón, añada sal y pimienta si es necesario. Añada el chile y continúe cocinando 15 minutos hasta que las hojas de taro estén bien cocidas. Apague el fuego y vierta la leche de coco restante. Mezcle ligeramente y sírvalo en una bandeja.

CREPAS DE VERDURAS (Fresh Lumpia)

TIEMPO DE PREPARACIÓN: *1 hora*
TIEMPO DE COCCION: *30 minutos*

INGREDIENTES: (para 10)
25 crepas
250 grs. de carne molida
1 jicama pequeña (aprox. 250 grs.), juliana
1 chayote, juliana
250 grs. de ejotes, rallados
2 zanahorias medianas, en cubos
3 tallos de apio, en cubos
150 grs. de germen de fríjol
3 dientes de ajo, picados
1 cebolla grande, picada
3 cucharas soperas de aceite vegetal
3 cucharas soperas de salsa de soya Light
1/3 de taza de jugo de achiote
3 cucharas soperas de crema de cacahuate

SALSA:
3 cucharas soperas de maicena
diluida con 2 tazas de agua
2 cucharas soperas de azúcar
3 cucharas soperas de salsa de soya
5 dientes de ajo frescos, molido

GUARNICION:
lechuga

En una sartén a fuego medio cocine la carne en aceite vegetal hasta que se dore. Se sazona el ajo y la cebolla. Rocíe con pimienta y una pizca de sal. Añada las zanahorias, la jicama, el germen de fríjol, el apio, los ejotes y la salsa de soya. Mueva lentamente, tape la sartén y cocine de 5 a 6 minutos. Sazone y deje cocinar otros 5 minutos. Retire del fuego.

En una sartén pequeña combine 3 cucharas soperas con agua, azúcar, salsa de soya y pimienta al gusto. A fuego lento déjelo hervir moviendo constantemente hasta que espese cuidando que no haya grumos. Retire del fuego y añada el ajo molido.

PARA SERVIR:

Envuelva la mezcla que se cocino en las crepas individuales. En el fondo, coloque la mitad de una hoja de lechuga en posición diagonal y coloque de 2 a 3 cucharas soperas de las verduras cocidas. Agregue una cuchara sopera de salsa encima y doble la orilla inferior hasta cubrir el relleno. Doble la orilla derecha y ruede hacia la orilla izquierda, permitiendo que la apertura superior deje ver la hoja de lechuga. Ate cada rollo con hoja de cebollin verde como guarnición.

CREPAS DE VERDURAS FRITAS (Fried Vegetable Lumpia)

TIEMPO DE PREPARACIÓN: *45 minutos*
TIEMPO DE COCCION: *1 hora*

INGREDIENTES: (25 rollos)
25 crepas
   sal y pimienta al gusto
250 grs. de carne de cerdo
   aceite vegetal para freír
250 grs. de ejotes, triturados
2 zanahorias, juliana
500 grs. de germen de fríjol
3 tallos de apio, en cubos
1 papa, en cubos
3 dientes de ajos, picados
1 cebolla, picada
3 cucharas soperas de aceite vegetal
3 cucharas soperas de salsa de soya

En una sartén grande a fuego lento cocine la carne molida en aceite caliente. Añada una pizca de sal y pimienta hasta que dore. Saltee la carne con ajo, moviendo durante 2 minutos. Añada cebolla y salsa de soya y déjelo cocinar durante 2 minutos. Incremente la flama y saltee todas las verduras. Comience con las zanahorias corte juliana, los ejotes rallados y la papa en cubo. Mueva con una espátula metálica grande. Añada el apio en cubos y el germen de fríjol, siga moviendo hasta que todos los ingredientes estén totalmente salteados. Ajuste la sazón, tape y apague la flama.

Nota: Las verduras no necesitan estar cocidas totalmente ya que serán fritas mas tarde.

Tome una crepa y extiéndala en una superficie plana o en un plato extendido. Calcule de 2 a 3 cucharas soperas de verduras salteadas, colóquelas en línea diagonal en el centro de la crepa. Doble el extremo inferior de la pasta de crepa hasta cubrir el relleno, luego doble el extremo derecho, luego el izquierdo y finalmente enrolle hasta él extremo superior. Con la yema de un dedo selle la orilla con una mezcla de clara de huevo y agua. Continúe el mismo procedimiento con toda la pasta de crepas y las verduras antes de freírlos en aceite.

En una sartén grande llena a ¾ a su capacidad con aceite vegetal, a fuego alto cuidadosamente, coloque las crepas en el aceite una por una hasta agotar la capacidad de la sartén. Procure dejar un espacio entre cada crepa, volteando cada una hasta que doren por ambos lados. Retire las crepas fritas y escúrrales el exceso de aceite en un colador.

GUISADO DE TARO (Sautéed Taro Root)

TIEMPO DE PREPARACIÓN: *20 minutos*
TIEMPO DE COCCION: *30 minutos*

INGREDIENTES: (para 2)
750 grs. de raíz de taro, rebanada
¼ de taza de agua
1 taza de carne de pollo, en cubos
1 diente de ajo, picados
2 cucharas soperas de aceite vegetal
   sal y pimientas al gusto
1 cebolla pequeña, rebanada
2 cucharas soperas de salsa de soya Light
1 cuchara sopera de azafrán mexicano o dos tiras de azafrán

Pele las raíces de taro cuidadosamente, por que es resbaladizo al pelarlo. Córtelo en rebanadas de 1 cm. de espesor y remójelo en agua durante 10 minutos.

En una sartén a fuego medio, se sofríen la carne de pollo en aceite caliente. Añada una pizca de sal y pimienta. Cocine la carne durante 5 minutos. Añada el ajo y cocine durante 1 minuto. Añada la cebolla y la salsa de soya. Añada las rebanadas de raíz de taro, el azafrán y ½ taza de agua. Mueva los ingredientes antes de dejarlos cocinar. Tápelos y déjelos cocinar hasta que estén bien cocidos.

GUISADO DE CHICHARO (Sautéed Snow Peas)

TIEMPO DE PREPARACIÓN: *20 minutos*
TIEMPO DE COCCION: *20 minutos*

INGREDIENTES: (para 2)
250 grs. de chicharos
1 taza de carne de pollo en cubos
1 pimiento morrón rojo, juliana
2 cucharas soperas de salsa de soya Light
1 cebolla pequeña en rebanadas
2 cucharas soperas de agua
   sal y pimienta al gusto

En una sartén a fuego medio con aceite caliente, se sofríe la carne de pollo hasta que se dore. Añada una pizca de sal y pimienta al gusto. Saltee la cebolla con el pollo y añada salsa de soya y mueva. Agregue los chicharos, el pimiento morrón y agua, y mueva. Tape la sartén y deje cocinar 3 minutos. Añada sal y pimienta al gusto y mueva, retire del fuego y sirva.

PASTEL DE VERDURAS (Vegetable Cake)

TIEMPO DE PREPARACIÓN: *45 minutos*
TIEMPO DE COCCION: *1 hora*

INGREDIENTES: (para 10)
250 grs. de pan de baguette crujiente o ½ hogaza de pan rebanado
2 huevos, batidos
2 tazas de leche
1 taza de harina
2 cucharas soperas de polvo para hornear
1 taza de carne de cerdo, en cubos
½ taza de apio, en cubos
½ taza de zanahoria, en cubos
1 lata de 8 onzas de garbanzos, escurridos
½ taza de pasas
3 cucharas soperas de aceite vegetal
3 cucharas soperas de salsa de soya Light
3 cucharas soperas de azúcar morena
½ taza de queso cheddar, rayado
1 cuchara sopera de mantequilla
 sal y pimienta al gusto

En una sartén a fuego medio con aceite caliente, se sofríe la carne de cerdo en cubos hasta que se dore. Sazone con sal y pimienta. Agregue la cebolla, las zanahorias, los garbanzos y la salsa de soya. Tape la sartén y deje cocinar 3 minutos. Añada el apio, mueva 2 minutos y retírelos del fuego.

Corte el pan de baguette en porciones pequeñas y colóquelas en un tazón. Añada las 2 tazas de leche y mezcle perfectamente hasta que el pan se ablande. En un tazón pequeño, mezcle la harina, el polvo para hornear y el azúcar. Bata perfectamente hasta obtener una mezcla suave. Añada los huevos, bata nuevamente y deje reposar.

En un tazón grande combine las verduras salteadas con la carne y la mezcla del pan con la leche. Añada el queso rayado y las pasas, añada sal y pimienta si es necesario. Mezcle hasta incorporar todos los ingredientes. Vacíe la mezcla en un refractario para pasteles de 10 pulgadas untado con mantequilla. Colóquelo en el horno precalentado a 120° c de 45 minutos a 1 hora. Se sirve a temperatura ambiente.

VERDURAS SALTEADAS (Sautéed Vegetables)

TIEMPO DE PREPARACIÓN: *10 minutos*
TIEMPO DE COCCION: *15 minutos*

INGREDIENTES: (para 2)
1 paquete de 10 onzas de espárragos congelados, descongelados
2 tazas de zanahorias, en rebanadas
2 tazas de champiñones, en rebanadas
2 tallos de apio, cortados en trozos pequeños
250 grs. de carne de pollo, en tiras
1 cebolla mediana, en rebanadas
2 cucharas soperas de aceite vegetal
3 cucharas soperas de salsa de soya
   sal y pimienta al gusto

En una sartén grande con tapa, a fuego medio se fríe la carne de pollo en aceite caliente hasta que se cueza. Añada las cebollas, las zanahorias, la salsa de soya, la pimienta negra y 2 cucharas soperas de agua. Mueva toda la mezcla. Tape y cocine durante 2 minutos. Agregue los espárragos, el apio y los champiñones. Sazone con sal y pimienta. Mueva y deje cocinar de 3 a 4 minutos hasta que las verduras estén bien cocidas.

VERDURAS SALTEADAS CON POLLO (Sautéed Vegetables with Sauce)

TIEMPO DE PREPARACIÓN: *12 minutos*
TIEMPO DE COCCION: *20 minutos*

INGREDIENTES: (para 2)
250 grs. de carne de pollo, en tiras
1 cebolla pequeña, rebanada
2 tazas de brócoli, en trozos pequeños
2 cucharas soperas de aceite vegetal
2 tallos de apio, en trozos pequeños
3 cucharas soperas de salsa de soya
2 tazas de setas, enteras
2 zanahorias, rebanadas
2 cucharas soperas de maicena, diluida en ½ taza de agua
sal y pimienta al gusto

En una sartén grande a fuego medio, con aceite caliente, sofría la carne de pollo hasta que este bien cocida. En la misma sartén, se saltea la cebolla. Añada las zanahorias, la salsa de soya y 2 cucharas soperas de agua. Tape y deje cocinar 2 minutos. Añada las setas, el brócoli y el apio, y mueva. Tape durante 3 minutos. Añada sal y pimienta si es necesario. Incorpore la maicena diluida tan pronto como las verduras estén cocidas. Mueva y apague el fuego. Sirva inmediatamente.

VERDURAS SALTEADAS CON CARNE (Sautéed Vegetables with Meat)

TIEMPO DE PREPARACIÓN: *15 minutos*
TIEMPO DE COCCION: *20 minutos*

INGREDIENTES: (para 4)
750 grs. de ejotes
4 zanahorias medianas, en rebanadas
5 tallos de apio
2 calabacitas, en rebanadas
500 grs. de carne de pollo, rebanada en tira de 2 pulgadas cada una
2 dientes de ajo, picados
1 cebolla pequeña, picada
1 jitomate grande, picado
3 cucharas soperas de salsa de soya
¾ de taza con agua
3 cucharas soperas de aceite vegetal
*   sal y pimienta al gusto*

Prepare los 750 grs. de ejotes. Las vainas bien formadas con semillas pequeñas son más recomendables. Enjuague bajo el chorro de agua fría. Corte las puntas, la hebra saldrá junto con la punta. Córtelos en trozos pequeños. Escoja zanahorias duras y bien formadas y con color brillante. Lávelas al chorro de agua con un cepillo. Corte las zanahorias en rebanadas diagonales de 1.5 cm. de espesor. Arregle los tallos de apio cortándoles las puntas de la raíz y lávelos bajo el chorro de agua fría. Córtelos en trozos pequeños. Lave y cepille las calabacitas a chorro de agua fría. Sin pelar, rebane las calabacitas, o córtelas en trozos pequeños.

En una sartén grande a fuego medio con aceite vegetal caliente fría la carne de pollo. Añada sal y pimienta y cocine durante 3 minutos o hasta que la carne se ablande. Añada ajo y cocine hasta que se transparente. Añada los ejotes y el agua. Mueva y tape la sartén durante 2 minutos. Añada las zanahorias, el apio y las calabacitas. Mueva y deje cocinar 4 minutos o hasta que todas las verduras estén bien cocidas, o a su gusto de cocimiento. Sazone con sal y pimienta.

ESTOFADO DE ALCACHOFA (Stewed Artichokes & Mussels with Peanut Sauce)

TIEMPO DE PREPARACIÓN: *45 minutos*
TIEMPO DE COCCION: *45 minutos*

INGREDIENTES: (para 4)
1 Kg de mejillones
5 alcachofas tiernas, partidas en cuatro
3 dientes de ajo, picados
1 cebolla grande, picada
3 jitomates grandes, picados
3 tallos de apio, cortados por mitad
1 pimiento morrón verde, partido en cuatro
325 grs. de ejotes
1/3 de taza de salsa de soya
½ taza de jugo de achiote
3 cucharas soperas de crema de cacahuate
4 cucharas soperas de arroz tostado, molido
12 tazas de agua
   sal y pimienta al gusto

Corte los tallos de las alcachofas y las puntas de cada hoja. Córtelas en 4 y enjuáguelas con jugo de limón para evitar la decoloración. Limpie los mejillones con un cepillo a chorro de agua.

En una sartén pequeña a fuego medio, tueste 4 cucharas soperas de arroz. Moviendo lentamente hasta que se dore. En un mortero, muela el arroz tostado. Un método alterno es utilizar la licuadora para moler el arroz.

En una sartén honda a fuego medio con aceite de oliva caliente, se saltea el ajo hasta que se dore. Añada las cebollas y los jitomates, y cocine durante 2 minutos. Incorpore el jugo de achiote, la pimienta y la salsa de soya. Mueva lentamente y deje hervir. Añada las alcachofas, los ejotes, 12 tazas de agua y deje cocinar 5 minutos. Mezcle el polvo de arroz tostado diluido y la crema de cacahuate en ½ taza de agua. Vierta la mezcla sobre las verduras que se están cocinando. Mueva el contenido para mezclar el sabor, y deje cocinar durante 2 minutos. Añada el apio, los mejillones, y el pimiento rojo. Añada sal, la pimienta, y agua si es necesario. Deje cocinar hasta que todas las verduras y mejillones estén bien cocidos. Retire del fuego y sirva en una bandeja grande.

VERDURAS CON ANCHOAS (Mixed Vegetables with Anchovies)

TIEMPO DE PREPARACIÓN: *30 minutos*
TIEMPO DE COCCION: *30 minutos*

INGREDIENTES: (para 4)
5 onzas de filetes de anchoas
250 grs. de ejotes, cortado en trocitos
2 tazas de calabacitas, peladas y cortadas en finas rebanadas
3 tazas de brócoli, cortado en trocitos
1 berenjena pequeña (aprox. 250 grs.), en rebanadas de 1 pulgada de espesor
3 dientes de ajo, picados
1 cebolla mediana, picada
3 jitomates medianos, rebanados
2 cucharas soperas de salsa de soya Light
3 cucharas soperas de aceite vegetal
½ taza de agua
  sal y pimienta al gusto

Bajo el chorro de agua fría lave y retire el exceso de sal de los filetes de anchoas.

En una sartén grande a fuego medio, saltee el ajo en aceite vegetal hasta que se dore. Añada la cebolla picada. Mueva y cocine 1 minuto. Añada los jitomates, la salsa de soya y las anchoas, y deje cocinar otro 1 minuto. Añada los ejotes, la media taza de agua y pimienta negra al gusto. Mueva y tape la sartén. Después de 2 minutos, mueva y añada las calabacitas y la berenjena, mueva, tape y déjelo cocinar 5 minutos. Añada el brócoli y mueva perfectamente para cocinar las verduras de manera uniforme. Añada sal y pimienta al gusto. Deje cocinar 4 minutos hasta que todas las verduras estén bien cocidas.

VARIACIONES:
Prepare como se indica pero añada ½ taza de carne de cerdo rebanada. Cocine la carne en aceite vegetal antes de saltearla con ajo.

Prepare como se indica pero añada verduras exóticas. Trate de conseguir quingombó y berenjena larga y delgada. Corte la berenjena en rebanadas de 1 cm. y el quingombó si es pequeño no necesita cortarlo.

POSTRES

JALEA (Purple Yam Fudge)

TIEMPO DE PREPARACIÓN: 30 minutos
TIEMPO DE COCCION: 30 minutos

INGREDIENTES: (para 6)
1 taza de camote morado en polvo
2 latas de 14 onzas de leche evaporada
1 lata de 14 onzas de leche condensada
2 cucharas soperas de azúcar morena
2 cucharas soperas de mantequilla

En un tazón combine la leche evaporada con el camote en polvo. Mezcle perfectamente hasta que el camote en polvo absorba la leche. En una cacerola ancha a fuego bajo vierta la mezcla. Añada la leche condensada y el azúcar, y mueva perfectamente hasta que todos los ingredientes se incorporen. Añada mantequilla siga moviendo hasta que hierva y evite los grumos. Retire del calor y deje enfriar 20 minutos. Mientras que todavía esta tibia saque una cucharada de la mezcla y póngala en una envoltura de plástico. Con sus manos forme bolitas dentro de la envoltura plástica. Retírela de la envoltura y ruédelas sobre azúcar refinada. Sírvalas en una bandeja.

DULCE DE YUCA (Sweet Cassava/Yucca)

TIEMPO DE PREPARACIÓN: 30 minutos
TIEMPO DE COCCION: 45 minutos

INGREDIENTES: (para 4)
2 Kg de raíz de yuca
4 tazas de azúcar morena
3 tazas de agua

Pele la raíz de yuca y rebánela en trozos de 1.5 cm. De espesor. Corte la raíz a lo largo y rebánelo en pequeños trozos. En una cacerola grande a fuego medio diluya 3 tazas de agua y 2 azúcar morena. Mueva y déjelo hervir. Deje cocinar moviendo ocasionalmente durante 15 minutos. Añada la yuca rebanada mueva y tape. Deje cocinar 20 minutos moviendo ocasionalmente o hasta que la yuca se cueza. Retírela del fuego sírvala fría en tazones individuales y adórnela con una cuchara grande de helado de vainilla.

Jalea

Merengue de Mango y Coco

FLAN (Custard)

TIEMPO DE PREPARACIÓN: *1 hora*
TIEMPO DE COCCION: *30 minutos*

INGREDIENTES: (para 10)
8 yemas de huevo
1 lata de 14 onzas de leche evaporada
1 lata de 14 onzas de leche condensada
2 cucharas soperas de jugo de lima
4 cucharas soperas de azúcar morena

GUARNICION:
3 cucharas soperas de azúcar
½ taza de helado de vainilla
250 grs. de fresas

En una flanera de 10 pulgadas no muy honda a fuego medio, derrita 4 cucharas soperas de azúcar y 1 cuchara sopera de agua. Usando una manopla para sostener la flanera, extienda el azúcar caramelizada en el fondo de la flanera y en los lados.

Coloque las yemas de huevo en un tazón grande. Añada la leche evaporada, la leche condensada, sal y el jugo de lima. Con una mezcladota bátalos durante 3 minutos. Cuele la mezcla y vacíela en la flanera. Cocine el flan a baño maría.

Precaliente el horno a 176° c. En una charola grande con 1 pulgada de agua caliente, coloque el flan. Hornee de 25 a 30 minutos o hasta que la punta de un cuchillo insertada en el centro salga limpia. Retire del horno y refrigere 3 horas. Invierta el flan para sacarlo del molde en un platón grande. El suero de caramelo bajara por los lados bañándolo.

Lave las fresas y séquelas con papel absorbente. Licuelas con 3 cucharas soperas de azúcar. Hágalas puré durante 1 minuto. Pruebe el puré para ver si es necesario agregar azúcar. Refrigere 1 hora. Vacié ½ taza de helado de vainilla derretido alrededor del flan y añada el puré de fresa. Con la punta de un cuchillo diseñe unas grecas en la guarnición.

MERENGUE DE MANGO Y COCO (Meringue with Mango & Coconut Sport)

TIEMPO DE PREPARACIÓN: *1 hora*
TIEMPO DE COCCION: *20 minutos*

INGREDIENTES: (para 6)
8 claras de huevo a temperatura ambiente
1 taza de azúcar refinada
1 cucharita de crema de tártaro
125 grs. (1 barra) de mantequilla

GUARNICION:
1 mango grande maduro, en cubos

RELLENO:
8 yemas de huevo
1 lata de 8 onzas de leche condensada
1 cucharita de vainilla
14 onzas de coco rayado

Precaliente el horno a 135° c. Para preparar un merengue de 12x18 pulgadas, cubra el fondo de la cacerola con papel encerado cubierto de mantequilla.

En una cacerola pequeña a fuego lento mezcle la leche condensada, la vainilla y las yemas de huevo. Mueva perfectamente hasta que la mezcla espese y elimine los grumos. Déjela reposar.

En un tazón grande, bata a baja velocidad las claras añada una cuchara sopera de crema de tártaro hasta que esta se disuelva. Incremente la velocidad de la batidora. Gradualmente agregue azúcar hasta que la textura este suave y a punto de turrón. Con una espátula extienda el merengue en las hojas de jalea. Hornee el merengue durante 15 minutos o hasta que la superficie se ponga amarilla. Sobre una superficie plana extienda papel aluminio de 12x18 pulgadas o más grande y cúbralo con mantequilla. Retire el merengue horneado y colóquelo boca abajo sobre el papel aluminio. Retire el papel encerado de la superficie y extienda la mezcla de yemas de huevo horneadas. Añada el coco rayado encima. Divida el merengue en 3 partes iguales. Coloque una encima de la otra para hacer merengue de 3 capas. Déle una forma circular y transfiéralo a un platón. Añada mas coco rayado en la superficie y los cubitos de mango. Refrigere durante 2 horas.

VARIACIONES:
Prepare como se indica pero en lugar de cortar el merengue en 3 partes iguales enrolle la hoja completamente con el relleno como un rollo de jalea. Y añada los mismos aderezos como guarnición.

JAMONCILLO DE COCO (Coconut Jam)

TIEMPO DE PREPARACIÓN: *45 minutos*
TIEMPO DE COCCION: *1 ½ horas*

INGREDIENTES: (rinde para 12 onzas)
1 lata de 16 onzas de leche de coco
500 grs. de azúcar morena o piloncillo

En una cacerola mediana a fuego lento, hierva la leche de coco. Moviendo constantemente déjela cocinar durante 30 minutos. Corte el piloncillo en trozos pequeños y añádalos a la leche de coco que esta cocinando. Siga moviendo hasta que el liquido se evapore hasta la mitad. La mezcla ahora debe de estar suave y espesa. Retírela del fuego y viértala en un recipiente de vidrio y déjela enfriar.

MERMELADA DE GUAYABA (Guava Marmalade)

TIEMPO DE PREPARACIÓN: *1 hora*
TIEMPO DE COCCION: *45 minutos*

INGREDIENTES: (rinde para 16 onzas)
2 Kg de guayabas maduras
1 ½ tazas de azúcar
1 cuchara sopera de jugo de limón
½ taza de agua
½ cucharita de sal

Pele las guayabas, pártalas en 2 y retire las semillas. Coloque las semillas en un tazón aparte. Añada ½ taza de agua y muélalas. Coloque la pulpa de la guayaba en un tazón aparte y añada el jugo de limón. Cuele las semillas y vierta el jugo en una cacerola. Cocine el jugo de guayaba a fuego lento. Agregue azúcar y sal y mueva. Deje cocinar 10 minutos moviendo ocasionalmente. Agregue la pulpa de guayaba, mueva y déjelo hervir. Deje cocinar de 30 a 40 minutos. Retire del fuego y déjelo enfriar antes de transferirlo a un recipiente de cristal.

Ahora usted necesita un recipiente de cristal con tapa limpio. Coloque el recipiente sin la tapa en el horno de microondas durante 3 minutos a una temperatura alta.

Transfiera la mermelada fría al recipiente de cristal y tápelo.

CAMOTE Y PLATANO CON CHOCOLATE (Sweet Potato, Banana and Chocolate)

TIEMPO DE PREPARACIÓN: *30 minutos*
TIEMPO DE COCCION: *45 minutos*

INGREDIENTES: (para 2)
250 grs. de camote, hervido
1 plátano mediano, hervido
3 cucharas soperas de cocoa en polvo
3 cucharas soperas de harina para hornear
3 cucharas soperas de azúcar
2 yemas de huevos
1 cucharita sopera de vainilla
½ cuchara sopera de polvo para hornear
3 cucharas soperas de leche
½ cucharita de sal
3 cucharas soperas de mantequilla
azúcar refinada

Se pelan el plátano y el camote. Se muelen en un tazón, se añade la vainilla, la sal y una cuchara sopera de leche. Mueva ligeramente hasta que todos los ingredientes se incorporen.

En otro tazón, mezcle la harina, el azúcar, 1 cuchara sopera de leche y 1 yema de huevo. Bátalos durante 2 minutos hasta lograr una pasta suave.

En una cacerola a fuego lento, derrita mantequilla, agregue una cuchara sopera de leche y otra de polvo de cocoa. Con una cuchara de madera nuevamente la mezcla durante 5 minutos.

Combine esta mezcla con la pasta el plátano y el camote molidos.

En otro tazón, bata la clara de huevo hasta lograr punto de turrón. Vacíe el merengue en la pasta y mézclelos. Páselo a 2 moldes para suflé de media pinta cubiertos de mantequilla y espolvoreados con azúcar.

Hornee a 195° c de 40 a 45 minutos. Retírelo del horno y déjelo enfriar durante 2 horas en el refrigerador.

Puede servirse tibio o frío. Como aderezo se pueden utilizar cubitos de mango y una hojita de menta.

BARQUILLOS CON QUESO (Pipe & Cream Cheese)

TIEMPO DE PREPARACIÓN: *1 hora*
TIEMPO DE COCCION: *45 minutos*

INGREDIENTES: (para 8 piezas)
2 huevos batidos
1/3 de taza de azúcar
2 cucharas soperas de mantequilla, derretidas
2 cucharas soperas de maicena
1 cuchara sopera de harina para hornear
2 cucharas soperas de leche

GUARNICION:
pistaches

RELLENO:
2 paquetes de 8 onzas de queso crema
½ taza de azúcar refinada
1 cuchara sopera de jerez seco
1 cuchara sopera de jugo de limón

En un tazón mezcle los huevos batidos, el azúcar, la mantequilla, la maicena y la harina perfectamente.

Precaliente el horno a 176° C. Engrase y espolvoree de harina una charola galletera. Coloque una cuchara sopera de la mezcla sobre la charola. Extiéndala sobre un circulo de 4 pulgadas de diámetro. Haga 4 dejando una separación de 2 pulgadas entre cada una de ellas. Hornee durante 8 minutos o hasta que se hayan dorado. Retire la charola del horno. Con una espátula retire las galletas una por una. Repita este procedimiento hasta que se acabe la pasta, engrasando y enharinando la charola cada vez que hornee.

En un tazón mezcle perfectamente el queso crema, el jugo de limón, el jerez seco y el azúcar. Transfiera la mezcla del queso en una duya y rellene cada una de los barquillos.

Cuando termine de rellenar todos los barquillos espolvoree la parte superior de los mismos con pistachos y sírvalos.

PASTEL DE CAMOTE Y CAFÉ (Sweet Potato & Raisin Coffee Cake)

TIEMPO DE PREPARACIÓN: *1 hora*
TIEMPO DE COCCION: *1 hora*

INGREDIENTES: (para 6)
2 ½ tazas de harina para hornear
¼ de taza de agua
1 taza de azúcar
½ cuchara sopera de zumo de naranja
3 cucharas soperas de polvo para hornear
1 cuchara sopera de jengibre en polvo
2 huevos
1 cuchara sopera de mantequilla
½ taza de aceite vegetal
¾ de taza de leche

RELLENO:
2 tazas de camotes, en cubos
¾ de taza de azúcar morena
2 cucharas soperas de mantequilla
3 cucharas soperas de jarabe de maíz
¾ de taza de pasas
1 cuchara sopera de canela en polvo

Pele los camotes y pártalos en cubitos llene 2 tazas. En una cacerola mediana a fuego lento, derrita ½ taza de azúcar con mantequilla. Añada agua y mueva hasta que el azúcar se disuelva completamente. Incorpore el jarabe de maíz. Siga moviendo mientras hierve durante 12 minutos. Añada los camotes en cubos, zumo de naranja y el jengibre en polvo. Tape y deje cocinar 5 minutos. Añada las pasas, mueva, tape y deje cocinar 10 minutos. Retírelo del fuego y déjelo enfriar.

Precaliente el horno a 190° C.

En un tazón mezcle la harina, el azúcar, la sal y el polvo para hornear. Añada la leche, los huevos, la mantequilla derretida y el aceite de oliva, y bata hasta que la mezcla no tenga grumos. Agregue los cubitos de camotes y las pasas ya fríos. Guarde el jarabe restante.

Vacíe toda esta mezcla en un refractario engrasado de 8x12 pulgadas. Hornee durante 1 hora o hasta que la punta de un palillo insertado en el centro salga limpio. Vacíe el jarabe que había guardado previamente, rocíe con cacahuates molidos y la canela en polvo durante los últimos 5 minutos del horneado.

PAN DE CAMOTE (Sweet Potato, Raisin & Peanut Loaf Bread)

TIEMPO DE PREPARACIÓN: *1 hora*
TIEMPO DE COCCION: *45 minutos*

INGREDIENTES: (para 6)
4 tazas de harina
2 paquetes de royal
½ taza de agua (38° C)
2 huevos
2 cucharas soperas de mantequilla
2 tazas de leche, a temperatura ambiente
½ taza de aceite vegetal

RELLENO:
2 tazas de camote, en cubos
2 cucharas soperas de canela en polvo
1 taza de pasas
3 cucharas soperas de jarabe de maíz
¾ de taza de azúcar morena
1 cuchara sopera de mantequilla
½ taza de cacahuates sin sal
¼ de taza de agua
2 cucharas soperas de zumo de naranja
2 cucharas soperas de jengibre, finamente picado

Pele los camotes, córtelos en tiras de ½ pulgada de espesor y córtelos en cubos. En una cacerola a fuego lento, mezcle el ¼ de taza, la mantequilla, el jarabe de maíz y los ¾ de taza de azúcar. Mueva hasta que hierva. Deje cocinar 10 minutos sin tapar. Añada el zumo de naranja del jengibre, y mueva. Añada los cubos de camote y mueva. Deje cocinar durante 15 minutos y retírelo del fuego.

Disuelva la royal en ½ taza de agua. Entibie la leche y añada la mantequilla, el azúcar, la sal, los huevos, la mezcla de royal y 2 tazas de harina. Amase hasta que se suavice. Agregue las 2 tazas de harina restante y forme una pasta. Coloque la pasta en un tazón engrasado. Y déjelo elevarse en un lugar tibio. Tape el tazón durante 1 hora o hasta que se duplique el volumen.

Caliente el horno a 185° c. Con su puño golpee la pasta. Sobre una tabla para picar, aplane y enlarge la pasta hasta formar una hogaza de 12x22 pulgadas. Espolvoree los cubos de camote, los cacahuates, las pasas y rocíe con polvo de canela. Enróllelo y presiónelo para sellar. En un refractario engrasado, hornee de 30 a 45 minutos o hasta que se dore.

HELADO DE AGUACATE (Avocado Ice Cream)

TIEMPO DE PREPARACIÓN: *45 minutos*
TIEMPO DE COCCION: *20 minutos*

INGREDIENTES: (para 6)
4 aguacates grandes, maduros
2 ½ tazas de azúcar refinadas
2 tazas de nata espesa (1 pinta)
4 huevos
6 cucharas soperas de maicena
½ taza de agua
3 tazas de leche
1 cucharita sopera de sal
2 cucharas soperas de jengibre en polvo

En un tazón se baten la leche y los huevos y se deja reposar.

En una cacerola mediana a fuego lento, mezcle 2 tazas de azúcar, sal y jengibre. Mueva la mezcla hasta eliminar los grumos. Añada la mezcla de leche y huevos, y mueva. Disuelva la maicena con ½ taza de agua y añádala a la mezcla que sé esta cocinando. Mueva perfectamente hasta que espese. Retírela del fuego tápela y refrigere durante 2 horas.

En un tazón aplaste la pulpa de los aguacates. Agregue ½ taza de azúcar y mézclelos perfectamente. Déjelos reposar.

Agite vigorosamente una pinta de nata espesa refrigerada. Vacíe hasta llenar la mitad de un tazón, y con una mezcladora eléctrica bata la crema hasta que espese.

En un tazón grande con la mezcla de aguacate, incorpore la mezcla refrigerada. Mueva lentamente hasta que se mezclen. Ahora añada la crema batida lentamente. Pase toda esta mezcla a un recipiente de 4 litros. Tape y congele durante 8 horas aproximadamente.

ALTA COCINA

POLLO RELLENO (Chicken Stuffed with Smoke Sausage)

TIEMPO DE PREPARACION: *3 horas*
TIEMPO DE COCCION: *2 ½ horas*

INGREDIENTES: (para 10)
1 pollo entero de 4 kilos
½ taza de maicena
1 Kg extra de carne de pollo
3 huevos batidos
2 salchichas ahumadas de 6 pulgadas
1 cebolla grande
4 huevos cocidos
3 cucharas soperas de salsa de soya
1 pimiento morrón rojo
sal y pimienta al gusto
¾ de taza de pepinillos
1 taza de aceitunas rellenas de pimientos rojos
2 tazas de migajas de pan

PARA MARINAR:
½ taza de salsa de soya
1 cuchara sopera de jugo de limón
1 cuchara sopera de azúcar morena

Lave el pollo entero a chorro de agua fría. Pártalo por mitad a lo largo. Deshuese el pollo hasta los muslos, deje las alas y las piernas intactas.

En un tazón mezcle el jugo de limón, la salsa de soya y la pimienta. Marine el pollo durante 2 horas en el refrigerador.

En una licuadora mezcle la carne extra de pollo la cebolla, sal y pimienta negra, durante 1 minuto. Sin que se haga puré. Viértalo en un tazón añada la maicena, los huevos, la salsa de soya, los pepinillos y migajas de pan.

Prepare la cavidad del pollo antes de ser rellenada. Con una aguja e hilo cosa la espalda del pollo para devolverle su forma original hasta la mitad. Rellene bien la cavidad con la mezcla. Acomode las 2 salchichas en la mitad. Añada los huevos cocidos junto a las salchichas. Rellene con mas carne. Alterne con las aceitunas y las tiras de pimientos rojos. Termine de cocer el pollo. Unte el pollo completo con aceite vegetal.

En un refractario para hornear no muy hondo, coloque el pollo relleno (con la pechuga hacia arriba) en un horno precalentado a 185° C. Coloque una hoja de papel aluminio sobre la pechuga. Las piernas y las alas deben estar envueltas también. Se hornea durante 2 ½ horas o hasta que este bien cocido. Retire el papel aluminio durante los últimos 30 minutos del horneado. Cuando este bien cocido, sáquelo del horno y déjelo enfriar 2 horas. Retire el hilo con que coció el pollo. Corte el pollo por mitad, y sírvalo en rebanadas.

CHILES RELLENOS (Chicken Mousse in Chile with Coconut Milk)

TIEMPO DE PREPARACION: *1 hora*
TIEMPO DE COCCION: *35 minutos*

INGREDIENTES: (para 6)
12 chiles pasillas
2 tiras de azafrán
150 grs. de pollo
1 huevo batido
5 onzas de filete de salmón fresco
2 dientes de ajo
1 lata de 4 onzas de castañas en agua
sal y pimienta al gusto
2 tazas de leche de coco
1 cebolla grande, picada
2 cucharas soperas de aceite de oliva
1 cuchara sopera de salsa de soya Light
2 cucharas soperas de jengibre, cortada en tiras finas

Lave los chiles pasilla a chorro de agua fría. Efectúe un corte diagonal en el extremo grueso y desvene. Sin desprender el tallo (para dar una mejor presentación al servirlo).

Deshuese el pollo y desprenda la piel y deposítelo en el vaso de la licuadora. Lícuela durante unos segundos. Añada las castañas, el ajo, el huevo, la salsa de soya, el salmón, la pimienta negra y la sal, y lícuelos durante unos segundos hasta formar un ligero puré. Con la ayuda de una palita pase la mezcla a un tazón y agréguele la cebolla picada. Con una cucharita, rellene los chiles generosamente.

En una sartén grande a fuego medio, se saltea el ajo en aceite de oliva hasta que se dore. Añada jengibre, cebolla picada, sal y pimienta negra. Mueva y déjelo cocinar 1 minuto. Vacíe la leche de coco y mueva lentamente durante 5 minutos. Mientras se cocina añada el azafrán y sazone, añada sal si es necesario. Añada los chiles rellenos a la crema que sé esta cocinando. Tape la sartén y cocine 5 minutos. Voltee cada uno de los chiles para cocinar el relleno uniformemente. Tape y déjelo cocinar otros 10 a 15 minutos (dependiendo del tamaño de los chiles) apague la flama. Déjelos tapados y déjelos enfriar durante 15 minutos antes de servirlos.

VERDURAS AL HORNO (Sautéed and Baked Vegetables)

TIEMPO DE PREPARACIÓN: *45 minutos*
TIEMPO DE COCCION: *45 minutos*

INGREDIENTES: (para 6)
750 grs. de berenjena en rebanadas
3 calabacitas, hervidas
2 manojos de espinacas
1 manojo de berros
250 grs. de pan tostado
3 huevos
1 lata de 8 onzas de leche de coco
1 queso cottage 8 onzas

SALSA:
1 lata de 8 onzas de puré de tomate
3 hojas de laurel
1 cebolla grande, picada
3 cucharas soperas de salsa de soya
500 grs. de veneras
3 cucharas soperas de aceite de oliva
3 dientes de ajos, picados
sal y pimienta al gusto

En un tazón corte el pan en pequeños trozos y remójelos en una taza de leche de coco. Lave y rebane la berenjena y las calabacitas a lo largo en rebanaditas de ½ pulgada. Lave las espinacas perfectamente y córtelas en 3 partes. En una cacerola grande con agua hirviendo, sazone con sal y pimienta, y cocine la berenjena durante 5 minutos. Añada las calabacitas y hierva durante 3 minutos. Retírelas del fuego.

En una sartén a fuego medio se saltea el ajo en aceite de oliva. Agregue la cebolla y mueva hasta obtener una textura transparente. Agregue el puré de tomate, las hojas de laurel, la salsa de soya y la pimienta. Mueva la mezcla y déjela cocinar 3 minutos. Añada las veneras y mueva hasta que todos los ingredientes queden incorporados perfectamente. Deje cocinar 2 minutos y retire del fuego.

En un platón para lasaña cubra el fondo con una capa delgada de salsa. Coloque una capa de berenjena, calabacitas, espinacas y berros. Añada el pan remojado en leche de coco el queso cottage y la salsa. Haga únicamente 2 capas vierta una taza de leche de coco, queso cottage y los huevos batidos. Rocíe con sal y pimienta si se desea.

VARIACIONES:

Utilice leche normal en lugar de leche de coco. Siga los procedimientos indicados.

PASTA MANILA (Pasta with Roasted Bell Pepper, Garlic & Tomato)

TIEMPO DE PREPARACION: *30minutos*
TIEMPO DE COCCION: *1 hora*

INGREDIENTES: (para 4)
750 grs. de tallarines
2 cucharas soperas de sal (para cocinar la pasta)
2 pimientos morrones rojos, asados
4 jitomates grandes, asados (para saltear)
½ taza de ajo, picado y frito en aceite vegetal
6 cucharas soperas de aceite de oliva
250 grs. de veneras
1 taza de camarones, pelados
1 cebolla mediana, picada
1 cuchara sopera de orégano
sal y pimienta al gusto

GUARNICION:
½ taza de perejil, picado

Coloque el pimiento morrón y los jitomates en una charola para hornear. Hornee a 176 ° c durante 45 minutos o hasta que la cutícula se empiece a quemar. Retírelos del calor y sumérjalos inmediatamente en agua fría. Pele los jitomates y el pimiento morrón cuando enfríen. Retire las semillas, corte el pimiento morrón (juliana) y pique los jitomates. Aplaste ligeramente cada ajo con un aplanador para carne, para facilitar el pelado del ajo y el molido del mismo. En una sartén pequeña a fuego medio con 3 cucharas de aceite vegetal, tueste el ajo hasta que este bien dorado.

En una sartén a fuego medio con aceite de oliva, se saltean 2 ajos, cebolla y jitomate fresco y mueva durante 2 minutos. Incorpore los camarones y las veneras. Añada la salsa de soya, la pimienta negra y el orégano. Déjelo cocinar 5 minutos y retírelo del fuego.

En una cacerola a fuego medio, hierva 3 litros de agua con sal. Mientras el agua esta en su máximo hervor. Agregue los tallarines. Tape dejando escapar el vapor hasta que se cuezan. Pruebe varios trocitos de pasta para asegurarse que este bien cocida. La pasta únicamente toma 10 minutos para cocerse. No la sobre cueza. Escúrrala. No la enjuague e inmediatamente colóquela en la salsa a fuego medio durante 1 minuto. Retírela del fuego y colóquela en una bandeja para servir. Rocíe la pasta con el pimiento, el jitomate y el ajo. Rocíe con el perejil picado para adornar.

SPAGHETTI A LA FILIPINA (Noodles with Oysters & Shrimps in Saffron Sauce)

TIEMPO DE PREPARACION: *45 minutos*
TIEMPO DE COCCION: *1 ½ horas*

INGREDIENTES: (para 4)
500 grs. de tallarines de arroz o Spaghetti
500 grs. de ostiones frescos, sin concha
1 taza de camarones, pelados y en cubos
1 taza de migajas de pan, tostadas
5 dientes de ajo, picados
4 ramas de azafrán
3 cucharas soperas de salsa de soya
1 cebolla grande, picada
½ taza de aceite de oliva
½ taza de perejil fresco, picado
3 huevos cocidos, en cubos
½ taza de cebollines, picadas
1 taza de caldo de cerdo

GUARNICION:
limones rebanados

En una cacerola grande llena con ¾ de agua con sal hirviendo sumerja la pasta. Y déjela cocinar tapada. Cocine la pasta de 20 a 25 minutos o hasta que se transparente. Retírela del fuego. Escúrrale el agua. Enjuáguele bien en agua fría. Y escúrrala en un colador a fin de eliminarle el agua totalmente.

En una sartén a fuego medio con aceite caliente se saltea el ajo 1 minuto. Agregue la cebolla y cocínela hasta que obtenga una apariencia transparente. Agregue los camarones, pimienta y salsa de soya. Agregue la caldo de cerdo y el azafrán y déjelo hervir. Añada los ostiones, el perejil y la pimienta negra, y mueva lentamente. Añada sal y pimienta si se requiere y baje la flama. Cocine durante 2 minutos. Retire del fuego y deje reposar.

Para servir, separe los ostiones de un tazón. En la misma sartén mezcle la pasta, la salsa, el pan tostado y los cubos de huevo. Coloque todo en una bandeja para servir, rocíelo con cebollines frescos picados y coloque los ostiones encima. Sirva inmediatamente.

VARIACIONES:
Si usa el Spaghetti, cocínelo no más de 10 minutos y no lo enjuague. Hierva 10 camarones gigantes sin pelar. Sazone con sal. Pele los camarones cuando se enfríen y rebánelos en 2. utilice las rebanadas de camarón y los ostiones como aderezo.

PASTA PARA HOJALDRAS (Puff Pastry)

INGREDIENTES: (para 1 receta)
3 tazas de harina
1 taza de margarina
1 cucharita sopera de sal
½ barra de mantequilla (4 cucharas soperas)
¾ de taza de agua fría

En un tazón grande, mezcle 2 tazas de harina con sal. Añada 1 taza de agua fría y mueva para mezclarlas bien. Si esta demasiada humedad la pasta añada mas harina, pero guarde ½ taza para después. Con sus manos amase la pasta hasta formar una bola. Envuélvala en plástico y refrigérela durante 1 hora.

En otro tazón bata la mantequilla y la margarina. Añada ½ taza de harina y mézclela lentamente hasta formar una crema.

En una tabla para picar ligeramente enharinada, ruede y aplane la pasta refrigerada. Fórmela en un rectángulo y esparza la crema de mantequilla y margarina encima. Corte la pasta en 3 secciones y aplánelas con un rodillo hasta formar rectángulos. Parta la pasta en cuartos y envuélvalos en plásticos. Refrigérelos 1 hora antes de usarlos. Las porciones que no se utilicen podrán refrigerarse hasta 1 mes.

PASTA PARA CREPAS (Lumpia Wrapper)

INGREDIENTES: (para 25 hojas)
2 tazas de harina
¾ de taza de agua
1 cucharita de sal
2 claras de huevo

En un tazón mezcle la sal, la harina y el agua. Mezcle perfectamente hasta que la pasta no presente grumos y este suave. En un tazón aparte bata las claras de huevo a punto de turrón. Combine las claras de huevo con la mezcla de harina. Prepárese para cocinar la hoja.

Ponga una sartén con teflón a fuego bajo. Moje una brocha de 2 pulgadas en agua, sacuda el exceso de agua. Remoje la brocha en la pasta y espárzala en la sartén caliente. Déle una forma redonda de 10 pulgadas aproximadamente. Tome únicamente 10 segundos secar la pasta. Una vez que se seca esta cocinada. Con una espátula déle vuelta y cocine el otro lado. Toma únicamente 5 segundos y esta lista. Déjela enfriar individualmente en papel encerado y apílelas una vez que estén frías. Esto evitara que se peguen unas con otras. Una vez fría están listas para ser usadas. Una crepa perfectamente sellada en bolsas de plástico durara hasta un mes en el refrigerador.

GUARNICIONES, GLASES Y SALSAS

GUARNICIONES

Rocío de Chile: Seleccione un chile rojo o amarillo fresco. Use un cuchillo filoso. Justo debajo del tallo haga un corte hasta la punta. Haga otros 4 o 6 cortes dependiendo del tamaño del chile. Desvene y coloque el chile en agua helada. Refrigere durante 1 o 2 horas. El chile se abrirá como los pétalos de una flor.

Jitomate con forma de Rosa: Retire la cutícula de un jitomate grande. Remueva el centro. Quite la tapa del jitomate y remueva las semillas. Con un cuchillo filoso y fino obtenga de la pulpa una tira de 4 pulgadas de largo, misma que colocara en forma espiral sobre una base. Obtenga una segunda tira de 3 pulgadas de largo y realice nuevamente un espiral mas apretado que el primero y colóquela en el centro del primer espiral. Esto creara el efecto de una rosa.

GLASES

Glasé de Mango: Mezcle una cuchara sopera de maicena, ¼ de cucharita de jengibre en polvo, ½ cuchara sopera de sal, 1 cuchara sopera de agua en una cacerola pequeña. Mueva la mezcla a fuego lento. Añada 8 onzas de puré de mango fresco y una cuchara sopera de azúcar blanca, mueva constantemente hasta que la mezcla se espese y déjela hervir 1 minuto.

Glasé de Piña: En una cacerola pequeña mezcle 8 onzas de piña molida. Añada 1 cuchara sopera de azúcar, 1 cuchara sopera de maicena, ¼ de cucharita de sal y una pizca de jengibre en polvo. Cocine a fuego medio, moviendo constantemente, hasta que la mezcla espese y hierva. Retírelo del fuego.

SALSAS

Gravy Básico: En una cacerola pequeña con una taza de jugo de carne, mezcle una cuchara sopera de maicena, una cuchara sopera de salsa de soya, y una pizca de pimienta negra. Cocine a fuego lento, moviendo constantemente hasta que la mezcla no presente grumos. Retírela del fuego.

Salsa de Champiñones: Siga la receta anterior pero añada ½ taza de champiñones rebanados. Saltee 1 cuchara sopera de cebolla picada y 1 de mantequilla a fuego medio. Añada 1 taza de jugo de carne diluido con 1 cuchara sopera de maicena, 1 cuchara sopera de salsa de soya y pimienta negra. Mueva constantemente hasta que la mezcla espese y no tenga grumos. Retírela del fuego.

CONSEJOS UTILES, TIPS Y TECNICAS

Marinados
Un marinado se utiliza frecuentemente para suavizar una carne o para agregar sabor a platillos sin mucho sabor. El sumergir la carne, particularmente en mezclas ácidas tales como: el jugo de limón o el vinagre suavizara la textura de la carne y el pescado, así como mejorara su sabor. Hoy en día, con cortes sin grasa, los marinados se han convertido en un elemento importante en la alta cocina. Entre mas tiempo se marinen los alimentos, mejor será el sabor que se obtenga, pero no más de 30 minutos para pescados o este se "cocerá" en su propio jugo. Los marinados ácidos tales como: el vinagre de arroz y jugo de limón cambia la textura del pescado. Otros ingredientes que se añaden a los marinados, para enriquecer el sabor como la salsa de soya, el vino blanco, el azúcar y las melazas. Los cocineros experimentados y los grandes chefs siempre recomiendan marinar, por que mejoran y enriquece el platillo.

Jugo de Achiote
Se sumergen las semillas de achiote en una taza con ¾ de agua tibia durante 10 minutos. Con la yema de sus dedos frote las semillas para extraer el color naranja oscuro dentro del agua. Repita el proceso con 1 o 2 cucharas soperas de agua hasta que haya extraído todo el colorante de las semillas. Deseche las semillas.

Extracto de Leche de Coco y Rallado
Con una pieza metálica o un martillo, golpee fuerte la cáscara del coco. Cuando se rompa la cáscara, golpee nuevamente para abrir el coco. Vacíele el agua y utilícela para extraer la leche. Con un cuchillo filoso retire la carne del coco de la cáscara. En una licuadora a alta velocidad licue la pulpa durante 1 minuto. Añada 1 taza de agua al jugo de coco. Con una manta de cielo, exprima la pulpa molida y extraiga la leche vaciándola en un tazón. Repita

el proceso (esta vez utilizando ½ taza de agua). Licue mediante ½ minuto mas y extraiga la leche.

Para rallar el coco, corte la parte café de la carne. Usando un rayador grueso ralle la carne para obtener tiras. Para un volumen grueso recomiendo el uso de la licuadora. Encienda la licuadora a la velocidad mas baja durante unos segundos y luego utilice le botón de pulso. También se puede extraer la leche del coco rayado con el procedimiento anterior. No tire el gabazo, mismo que puede ser utilizado como guarnición cuando se tuesta.

Para tostar el coco rallado, use una sartén grande a fuego medio tueste el coco rallado. Mueva constantemente y de manera uniforme con una espátula hasta que este bien dorado. Rocíele una pizca de azúcar si quiere endulzarlo un poco.

TIPS PARA COCINAR

Primero planee y aprenda los básicos de cocina. Seleccione un estilo para cocinar, reúna los ingredientes y conozca su tiempo de preparación. Algunas recetas requieren 5 minutos, 30 minutos o 1 hora incluyendo la preparación. Pasar un día completo cocinando puede ser divertido si se planea con anticipación. La cocina occidental requiere unos cuantos pasos tales como picar, rebanar las verduras, cortar la carne y sazonar. Otras formas son: asar, hornear y rostizar. Para preparaciones en cacerolas, mejore el sabor salteando primero los ingredientes, y añadiendo un ingrediente exótico para una mejor presentación.

Este libro provee los procedimientos fundamentales y básicos de la cocina. La mayoría de las recetas requieren salteados, que es un procedimiento fundamental en la cocina Filipina. El salteado se considera un estilo universal de cocina. Hay 5 pasos básicos para saltear; 1° se necesita aceite caliente, luego el ajo, después la cebolla y al final se añade el saborizante. Como saborizantes, se usan el pollo, la res, los crustáceos o el caldo. La sazón es muy importante. Siempre se añade una pizca de sal y pimienta. Recomiendo la salsa de soya Light en todas mis recetas. Deje cocinar toda la mezcla durante 5 minutos o hasta que la carne este bien cocida. Finalmente agregue sus verduras favoritas y ¼ de taza de agua. Note el tiempo de cocción de cada una. Hay ciertos platillos que incluyen al jitomate como al ingrediente principal. Hay algunas recetas en las cuales se puede omitir el ajo si a usted no le gusta.

Al preparar sopas, use el mismo procedimiento; saltee todos los ingredientes, luego añada tanta agua como sea posible o caldo como sea requerido en la receta. Sazone a su gusto, utilizando pimienta en grano y salsa de soya. Recuerde que el color y la forma de las verduras es fundamental para una mejor nutrición y mejor presentación. Para sopas recomiendo cualquiera de las siguientes verduras; espárragos, puerros, zanahorias, apio, calabacitas, pimiento morrón rojo o amarillo, champiñones, col nappa y acelga suiza.

Otro secreto de la buena cocina es la guarnición. Al cocinar o asar la carne, córtela en trozos grandes y largos de 250 grs.. Rebánela en porciones pequeñas cuando este cocida y colóquela en fila sobre una bandeja para servir. Adórnela con cebollas picadas, jitomate y cilantro a un costado. Añada un toque de color; ya sea mango, papaya o piña asada y jugo de lima. Otra guarnición favorita son las tiras de pimiento morrón, el apio en cubos, la cebolla picada y los rábanos rebanados.

Cree sus propios aderezos para ensaladas. Siempre utilice aceite de oliva, ajo picado, aceite de ajonjolí, jengibre en polvo, crema de cacahuate, azúcar, salsa de soya, sal, y pimienta negra. Utilice estos ingredientes para crear un nuevo aderezo a su gusto.

ACERCA DEL AUTOR

Alberto Mortiz y de Jesús, es notivo de Filipinas, pero ha vivido en California durante los ultimos 30 anos. Curso la Licenciatura en Servicios Diplomaticos y Consulares en la Universidad de Manila. Actualmente, es Presidente del Gremio de Artistas y Cultura Filipinos, presta sus servicios como voluntario a la Cruz Roja y canta en el coro de su iglesia. Entre sus pasatiempos favoritos estan: la Fotografia, la Pintura del Estilo Impresionista, la Musica Classica, el Arte Culinario, y el Baile de Salon. Ha escrito un libro, cuyo titulo es OBLATION, publicado en 2005.

Printed in the United States
52772LVS00005B/86